Cornelia Muth

Der Mensch zwischen Gut und Böse

Mit Texten von Martin Buber über das Böse nachsinnen

DIALOGISCHES LERNEN

Herausgegeben von Dr. Cornelia Muth

ISSN 1614-4643

5 *Koffi Abah Edem, Jan Großwinkelmann, Yvonne Kahlert, Susanna Matt-Windel, Cornelia Muth, Sabine Peter*
Im Vertrauen und in Verantwortung – 10 Jahre dialogische Pädagogik
ISBN 3-89821-577-6

6 *Stephan J. Harms*
Menschenbilder und Typologie
Kategorien neurotischer Motivationsstrukturen als Orientierungshilfe in der sozialen Arbeit Chancen und Risiken
ISBN 3-89821-703-5

7 *Susanne Mariyam Hüser-Granzow*
Kunst statt Strafe
Eine dialogische Betrachtung der ästhetischen Arbeit in der Sozialen Arbeit am Beispiel einer Bildhauerwerkstatt für straffällig gewordene Jugendliche
ISBN 978-3-89821-747-7

8 *Thomas Schwenk*
Sport und Bewegungserziehung in der Suchtarbeit
Sozialpädagogische und dialogisch-philosophische Aspekte in der Suchtprävention und Behandlung von Kindern und Jugendlichen
ISBN 978-3-89821-785-9

9 *Cornelia Muth*
Hilfe, ich bin mobil und heimatlos!
Zur Hauslosigkeit postmoderner Menschen
Mit einem Beitrag von Jan Großewinkelmann und Zeichnungen von Miriam Helfer
ISBN 978-3-89821-880-1

10 *Tanja Dräger*
Gender Mainstreaming im Kindergarten
ISBN 978-3-89821-869-6

11 *Dörthe Sontag*
Die modernen Kommunikationsmittel und das Dialogische Prinzip
Bedrohung und Chance für unser Menschsein?
Eine dialogphilosophische Reflexion unserer zwischenmenschlichen Beziehungen im Zeitalter der Mediatisierung
ISBN 978-3-89821-893-1

12 *Isabel Diener*
Lehren und Lernen in offenen Arbeitsformen
Eine Diskussion über die Verwendung von offenen Arbeitsformen im Unterricht am Beispiel einer Pädagogik der Menschenrechte
ISBN 978-3-89821-976-1

13 *Cornelia Muth (Hrsg.)*
„dann kann man das ja auch mal so lösen!"
Auswertungsinterviews mit Kindern und Jugendlichen nach Trainings zur Gewaltfreien Kommunikation
ISBN 978-3-8382-0120-7

Cornelia Muth

DER MENSCH ZWISCHEN GUT UND BÖSE

Mit Texten von Martin Buber über das Böse nachsinnen

ibidem-Verlag
Stuttgart

Bibliografische Information der Deutschen Nationalbibliothek
Die Deutsche Nationalbibliothek verzeichnet diese Publikation in der Deutschen Nationalbibliografie; detaillierte bibliografische Daten sind im Internet über http://dnb.d-nb.de abrufbar.

Bibliographic information published by the Deutsche Nationalbibliothek
Die Deutsche Nationalbibliothek lists this publication in the Deutsche Nationalbibliografie; detailed bibliographic data are available in the Internet at http://dnb.d-nb.de.

Erste Auflage erschienen als Cornelia Muth: *Zwischen Gut und Böse. Mit Martin Bubers sechs Schritten nach der chassidischen Lehre das eigene Leben gestalten*. Gütersloher Verlagshaus 2001.

∞

Gedruckt auf alterungsbeständigem, säurefreien Papier
Printed on acid-free paper

ISSN: 1614-4643

ISBN-13: 978-3-8382-0340-9

Printed in Germany

Inhalt

Martin Bubers Lebenswege für den inneren Dialog

Wo ist mein Weg im Leben? Wo ist der Weg in meinem Leben? Diese Fragen stellen wir uns immer wieder und immer wieder. Sie sind in unseren täglichen Entscheidungen verborgen, eingewoben in unseren Lebensroutinen und zeigen unsere Antworten auf die Frage nach dem Lebenssinn. Dabei ist jeder Tag ein neuer Anfang. Jeden Tag müssen wir wählen, haben die Wahl oder wollen ganz entschieden *etwas*. Doch was ist dieses Etwas, wenn wir genauer hinsehen und hinhören? Für Martin Buber bedeutet es, die eigene Richtung im Leben zu entdecken. Dies tun wir durch Entscheidungen, die uns innerlich befriedigen. Auf dem richtigen Weg sind wir Menschen im Einklang mit uns selbst. Wir fühlen uns wohl und stimmig mit uns selbst. Und ausgeglichen fühlen wir uns, wenn dieses Etwas uns gegeben wird. Hier zeigt sich die befriedigende Seite, das Leben wie ein Geschenk zu betrachten: Leben ist ein gegenseitiges, ein schenkendes Geben und Nehmen.

Genauso verhält es sich für Martin Buber, wenn es um das Annehmen unseres eigenen Lebensweges geht. Das gute Leben des Menschen drückt sich wie eine erlebnisreiche und erfüllende Wanderung aus. Konkret sind es auch Gespräche mit uns selbst: Innere Dialoge, bei denen wir uns nicht im Kreis drehen, sondern spiralförmig vorwärtskommen. Jedoch besteht beim Entscheiden immer das Wagnis der Rückwärtsbewegung oder des Stillstandes. Eine wahre Gesprächsentwicklung findet dann nicht statt: Wir sind mit unseren Entscheidungen unzufrieden. Wir haben falsche Entscheidungen getroffen.

Bei Martin Buber gibt es dafür zwei Erklärungen: Möglicherweise wussten wir es nicht besser. Mit anderen Worten, wir haben ohne wirkliches Selbst-Bewusstsein eine vermeintliche Richtung eingeschlagen, die uns jedoch nirgendwo hingeführt hat. Eine zweite Möglichkeit besteht darin, dass wir trotz besseren Wissens einem Impuls gefolgt sind, unter der Annahme, dies wäre unser Lebensweg. Im inneren Streit haben wir einer Stimme Kraft gegeben, die uns mit dem Bösen, d. h. für Buber mit dem Richtungslosen verbunden hat. Dann setzen wir uns nicht wirklich mit uns selbst auseinander.

Eine kleine chassidische Geschichte veranschaulicht das Geschehen mit dem Bösen Trieb: »Rabbi Pinchas kam einmal ins Lehrhaus und sah die in eifrigem Gespräch begriffenen Schüler bei seinem Eintritt zusammenfahren. Er fragte sie: ›Wovon redet ihr?‹ ›Rabbi‹, sagten sie, ›wir reden von unsrer Sorge, daß der Böse Trieb uns nachjagen wird.‹ ›Seid unbesorgt‹, erwiderte er, ›so hoch hin seid ihr noch nicht

gelangt, daß er euch nachjagte, – vorerst jagt ihr ihm nach.‹« (Mit dem Bösen Trieb, W3, S. 250f.)
Um die Kraft des Bösen zu bändigen, ist es laut Martin Buber notwendig, das Gute, die einzigartige Richtung, *Den Einen Weg im Leben* zu verwirklichen. Sehen wir diesen rückwärtsschauend in unseren Lebenserfahrungen, so haben wir auch die Chance, im Gespräch mit unseren Mitmenschen den rechten Wanderweg zu entdecken. Das gleiche gilt für den inneren Dialog. Er bringt uns spiralförmig aufwärts, wenn wir in Kontakt mit uns selbst sind. So wandelt sich ein Knotenpunkt in einen Kreuzweg, der sich dann als Beginn eines Lebensglücks, Zufriedenheit und inneren Friedens ausdrückt.
Wir können diese inneren Dialoge als lebhafte Bewegung von Gedanken, als intuitives Handeln, als beschauliches Betrachten oder lautloses Beten begreifen. Allein wichtig ist unsere innere Haltung dazu: Nehmen wir uns ganz an, oder verurteilen wir uns? Wollen wir unsere hellen, bunten und dunklen Flecken wirklich sehen? Bekennen wir unsere Schuld, oder sind unsere Mitmenschen die Widersacher?
Es ist immer wieder eine schwere Herausforderung, zwischen Gut und Böse zu unterscheiden. Martin Buber fragt sich diesbezüglich, wie wir Menschen das Gute mit dem Bösen verbinden können. Er macht dies deutlich in seinen Schriften *Bilder von Gut und Böse* und dem *Weg des Menschen nach der chassidischen Lehre*. Ich habe seine Antworten bei meiner Auswahl der Lesetexte aufgenommen und stelle dar, was er uns damit zeigen kann.
Martin Buber weist immer wieder auf eine zwischenmenschliche Wirklichkeit. Für ihn geschieht sie im Angesicht Gottes und der jüdischen Bibel. Praktisch zeigt sie sich im echten Gespräch zwischen den Menschen. Jedoch sind wir nicht immer gegenwärtig für den menschlichen Gesprächsraum. Wir sind dann blind und taub für unser Gegenüber. Vielleicht fragen wir uns, wie Misserfolg und Missverständnisse trotz bester Absichten geschehen. Plötzlich liegt er da, der Scherbenhaufen, und es fällt schwer, die Verantwortung dafür zu übernehmen, wenn wir gleichzeitig blind für unser Verstricktsein mit dem Bösen sind. Gewahrsein für die bösen Kräfte zu finden und diese mit der guten Energie zu verbinden, ist für Martin Buber ein Weg aus dem alltäglichen Dilemma.
In *Gut und Böse* zeigt er, dass allein ein Kampf gegen das Böse nicht hilft, vielmehr muss der Kampf in der eigenen Seele ansetzen – alles andere kann sich erst von da aus ergeben. Mit anderen Worten: Der Mensch kann das Böse Stufe um Stufe in sich entdecken und befreien. Die Befreiung geschieht durch innere wie äußere Dialoge. Die chassidische Geschichte *Der Böse Trieb und der Mensch* gibt ein Beispiel:

»Zum Schriftvers ›Laß uns ziehen und gehen, daß ich gehe, dir gegenüber‹ sprach Rabbi Michal: ›So redet der Böse Trieb heimlich zum Menschen. Denn er, der Trieb, soll und will ja gut werden, indem er den Menschen reizt, ihn zu überwinden und zu einem guten zu machen. Und das ist seine heimliche Bitte an den Menschen, an dessen Verführung er arbeitet: Laß uns doch aus dieser Schmählichkeit ziehen und im Dienst des Schöpfers gehen, daß auch ich gehe und aufsteige von Stufe zu Stufe mit Dir, wenngleich ich dir gegenüber zu stehn und dich zu stören und zu hindern scheine.‹« (Der Böse Trieb und der Mensch, W3, S. 263)

Im Dialog vereinen wir den bösen mit dem guten Trieb. Das vorliegende Lesebuch möchte die dafür notwendigen inneren Gespräche unterstützen. Gleichfalls brauchen wir Menschen und noch viel mehr einen Menschen, mit dem wir über uns reden. Worte oder andere geistige Zeichen bilden eine Brücke, das Innere mit dem Außen zu verbinden. Entscheidend ist der Kontakt zu der Wirklichkeit, die für Martin Buber als Ich-Du, als Zwischenmenschliches geschieht. Die zwei Spiralen auf dem Titelblatt dieses Buches veranschaulichen die zwischenmenschliche Bewegung. Innen und außen begegnen sich. Mensch und Mensch kommen für einen Moment wirklich zusammen. Diese Aufeinanderzu-Bewegung ist für mich der wahre Sinn des inneren Dialogs. Er führt mich zu meinen Mitmenschen; denn alles wirkliche Leben ist Begegnung.

In diesem Band beschreibe ich neun Beispiele innerer Spiralbewegungen aufgeteilt nach den sechs Selbsterkenntnisstufen im *Weg des Menschen nach der chassidischen Lehre.* Ich lehne mich dabei an Erkenntnisse aus der sufischen Mystik an, die davon ausgeht, dass das Böse in der Welt sich neunfach unter den Menschen bricht und dessen essentielle Verbindung mit dem Guten die Welt bewahren und behüten wird. Ich stelle infolgedessen neun konkrete Lebenswege vor. Das Böse zeigt sich in Form von Leidenschaften, die dem Menschen Leid verschaffen: es sind Zorn, Stolz, Eitelkeit, Neid, Habsucht, Furcht, Unersättlichkeit, Lust und Trägheit. Diese Leidenschaften konfrontieren die LeserInnen mit den geistig-seelischen Bildern des Bösen, die uns in die falschen Entscheidungen oder in die Entscheidungslosigkeit drängen. So könnte das Böse demzufolge mit den Persönlichkeitsstrukturen eines Menschen gleichgesetzt werden. Als Struktur ist sie stärker als der einzelne Mensch, der den Trieb nicht niederkämpfen, sondern nur liebevoll umarmen kann. Dazu ist jeder Mensch fähig, wenn er innere und äußere Gespräche führt und sie zum Sinn seines Lebens macht. Die Selbstannahme ist eine Form menschlicher Inventur. Der Mensch kann wie bei einer Geschäftsinventur herausfinden, was da ist und was fehlt. Und viele Menschen kennen diese Sehnsucht. Sie spüren, dass ihnen etwas im Leben mangelt und dass das, was sie als Füllmittel nehmen, nicht wirklich satt macht. Echte Befriedigung und damit Lebenssinn findet der Mensch laut Mar-

tin Buber, indem er seine Lebensrichtung findet, d. h. seine persönlichen Entscheidungen trifft und dafür Verantwortung übernimmt.
Ausgehend von den neun Typen des Bösen werden die Textpassagen zudem den sechs chassidischen Entwicklungsschritten zugeordnet. Deswegen erfolgt vorerst noch ihre kurze Darlegung.

Selbstbesinnung

Im *Weg des Menschen nach der chassidischen Lehre* nennt Martin Buber sechs Entwicklungsräume. Die *Selbstbesinnung* ist der erste Entscheidungsschritt, der erste Entwicklungsraum. Der Schritt beginnt mit dem vorsichtigen und doch schaurigen Erkennen des eigenen guten und bösen Seins. Der Mensch begreift wirklich, was er alltäglich macht. Er kann sich als Beteiligter am Geschehen betrachten.
Konkret zeigt sich die Jagd nach dem Bösen in Form von illusionärem Streben nach falscher Autonomie und in Form von Lebenslügen. Menschen halten an bestimmten Verhaltens- und Glaubensweisen fest, kämpfen sogar darum, weil sie glauben, ohne sie nicht leben zu können. Für Martin Buber ist das Böse jedoch nicht etwas dem Menschen Immanentes, sondern ein Gebild, ein Werk der Einbildung, das vom Guten ablenkt. Dabei sind Gut und Böse keine entgegengesetzten Richtungen, denn das Böse kennt keine Richtung. Der Sinn dieser Kräfte »erschließt sich uns erst, wenn wir sie als wesensungleich erkennen, den ›bösen Trieb‹ als die Leidenschaft, als die dem Menschen eigentümliche Kraft also, ohne die er weder erzeugen noch hervorbringen kann, die aber, sich selber überlassen, richtungslos bleibt und in die Irre führt, und den ›guten Trieb‹ als die reine Richtung, das heißt als die eine unbedingte Richtung, die auf Gott hin«. (Bilder von Gut und Böse, W1, S. 36)
Mit anderen Worten: Nimmt der Mensch seine Selbstwahrnehmung an, gibt er Antwort auf sein Leben. Er beginnt sein Leben in Selbstverantwortung.

Der besondere Weg

Die Richtung einnehmen, offenbart den je einzigartigen Weg unserer individuellen Biographie. Es ist der zweite Entwicklungsraum des *besonderen Weges*, den jeder Mensch allein geht:

> »Gott sagt nicht: ›Das ist ein Weg zu mir, das aber nicht‹, sondern er sagt: ›alles, was du tust, kann ein Weg zu mir sein, wenn du es nur so tust, daß es dich zu mir führt.‹ Was aber

> dies ist, das eben dieser Mensch und kein anderer tun kann und tun soll, kann ihm nur aus ihm selbst offenbar werden. Hier kann, wie gesagt, nur irreführen, wenn einer darauf schaut, wie weit es ein anderer gebracht hat, und es ihm nachzutun trachtet; denn dabei entgeht ihm eben, wozu er und nur er allein berufen ist.« (Der Weg des Menschen nach der chassidischen Lehre, W3, S. 720)

Doch wie findet ein Mensch heraus, wozu er berufen ist? Wohin soll sein Lebensweg gehen? Da alle Menschen eine eingeborene Richtung zu ihrem echten Selbst entdecken, sich jedoch nicht immer auf sie besinnen, kann eine Quelle das bisherige Leben sein. Aus der Gegenwart heraus ist rückschauend ein Weg erkennbar. Besinnen wir uns auf uns selbst und nehmen wir unser eigenes Leben an, erfolgt nach der chassidischen Lehre die Stufe der *Entschlossenheit.*

Entschlossenheit

In diesem Entwicklungsraum können selbst die stärksten Gefühle den Menschen täuschen; können sie doch Ausdruck einer Leidenschaft sein, die gewohnte Probleme und Verhaltensreaktionen hervorbringen. Für Martin Buber liegt hier die stärkste Herausforderung für den Menschen: So verbindet der Mensch nur in ungeteilter Entscheidungskraft Weg und Ziel mit seiner Seele wirklich miteinander und tut dadurch das Gute.
Konkret geht es darum, dass der Mensch, *bevor* er sich entscheidet, konzentriert und aufmerksam ist und *mit allen Gliedern des Leibes* herausgefunden hat, worum es ihm in der Entscheidung tatsächlich geht.

> »Gerügt wird, das man vordringt und wieder zurückweicht; das Hin und Her, der Zickzack-Charakter des Tuns ist das Bedenkliche. ... Den Schriftvers ›Alles, was deine Hand zu tun findet, tue in Deiner Kraft!‹ deutete der Baalchem, man solle die Tat, die man tut, mit allen Gliedern tun, d. h. es solle auch das ganze leibliche Wesen des Menschen daran beteiligt sein, nichts von ihm dürfe draußen bleiben. Der Mensch, der eine Einheit aus Leib und Geist wird, dessen Werk ist Werk aus einem Guß.« (ebd., S. 724 u. 726)

Im Entwicklungsraum Entschlossenheit geschieht ein tiefer innerer Wachstumsprozess des Menschen. Hier zeigt sich, wie offen der Mensch der Einen Wirklichkeit gegenübersteht und zugleich die Widersprüche des Lebens angenommen hat und trotzdem in seinen Entscheidungen vorwärtskommt.

Bei sich beginnen

Der vierte Entwicklungsraum beschreibt, wie der Mensch »bei sich beginnen und erkennen soll, dass die Konfliktsituationen zwischen ihm und den andern nur Auswirkungen der Konfliktsituationen in seiner eigenen Seele sind, und dann soll er diesen seinen inneren Konflikt zu überwinden suchen, um nunmehr als ein Gewandelter, Befriedeter zu seinen Mitmenschen auszugehen und neue, gewandelte Beziehungen zu ihnen einzugehen«. (ebd., S. 728)
Dies bedeutet, die eigenen Illusionen und die damit verbundenen existentiellen Dissonanzen erst einmal anzunehmen, was dazu führt, dass der Mensch sich schämt und gleichzeitig das fehlende Sein und damit das Gute wahrnimmt:

> »Man schämt sich, daß man ist, wie man ist, weil man nun dieses Sosein in seiner Gegensätzlichkeit zu einem gemeinten, gesollten Sein ›erkennt‹; aber nun ist es wirklich etwas zum Sichschämen geworden.« (Bilder von Gut und Böse, S. 19)

Die entscheidenden inneren Konflikte beruhen laut Buber auf einen

> »Konflikt zwischen drei Prinzipien im Wesen und Leben des Menschen: dem Prinzip des Gedankens, dem Prinzip des Wortes und dem Prinzip der Handlung. Der Ursprung allen Konfliktes zwischen mir und meinen Mitmenschen ist, daß ich nicht sage, was ich meine, und daß ich nicht tue, was ich sage. Denn dadurch verwirrt und vergiftet sich immer wieder und immer mehr die Situation zwischen mir und dem andern, und ich in meiner inneren Zerfallenheit bin gar nicht mehr fähig sie zu meistern, sondern entgegen all meinen Illusionen bin ich ihr willenloser Sklave geworden.« (Der Weg des Menschen nach der chassidischen Lehre, W3, S. 729)

Hier hilft nur die Entscheidung, mit sich und dem Leben überhaupt ehrlich zu sein.

Sich mit sich nicht befassen

Der vierte Entwicklungsschritt mündet in den, der bei Buber lautet: *Sich mit sich nicht befassen.* Was für ein Handeln folgt daraus? Der Mensch soll nicht an Scham und Reue über das Böse festhalten und dem Bösen in übertriebener Selbstanalyse anhaften, sondern seine ihm eigene, von einer höheren Macht entworfene Lebensaufgabe annehmen und verwirklichen;

> »so ist denn keiner Seele ein Ziel in ihr selbst, in ihrem eigenen Heil gesetzt. Wohl soll jede sich erkennen, sich läutern, sich vollenden, aber nicht um ihrer selber willen, wie nicht um ihres irdischen Glücks, so auch nicht um ihrer himmlischen Seligkeit willen, sondern um des Werkes willen, das sie an der Welt Gottes vollbringen soll. Man soll sich vergessen und die Welt im Sinn haben.« (ebd., S. 733)

Damit meint Buber, dass eine ausschließliche Selbstanalyse und Selbstverwirklichung nicht Sinn des Lebens sind und schon lange nicht das Gute des Menschen wahren. Im Gegenteil, das Umkreisen des eigenen Ichs lässt dem Bösen Raum und kann verhindern, den sechsten Entwicklungsschritt *Hier wo man steht* zu durchlaufen.

Hier wo man steht

Wiederum zeigt die chassidische Lehre in aller Deutlichkeit, dass der Mensch durch Flucht den inneren und äußeren Dialog nicht vorwärtszubringen vermag. Mein Dasein erfüllt sich nur an dem Ort, an dem ich mich befinde. Hier ist der Schatz, das Gute in meinem Leben und für die Welt. Jeder Mensch und jedes Ding, meine einzigartige Lebenswelt und Lebensform haben eine geheime Bedeutung, die sich durch mein Da-Sein offenbart. Das ganz Konkrete fordert meine Lebenssituation heraus, die anzunehmen Lebenssinn gibt. Dadurch verbindet der Mensch seine innere mit der äußeren Welt und kann darüber begreifen, wie beide Welten eine sind und jeder echte innere Dialog einen äußeren entfacht. Mit anderen Worten: Dort, wo ich mit all meinen guten Entscheidungskräften lebe und nicht egozentrisch um mich kreise und die Welt ernst nehme, geschieht wahres und erfüllendes Dasein und richtet somit das Böse:

> »Die meisten von uns gelangen nur in seltenen Augenblicken zum vollständigen Bewußtsein der Tatsache, daß wir die Erfüllung des Daseins nicht zu kosten bekommen haben, daß unser Leben am wahren erfüllten Dasein nicht teilhat, daß es gleichsam am wahren Dasein vorbei gelebt wird. Dennoch fühlen wir den Mangel immerzu, in irgendeinem Maße bemühen wir uns, irgendwo das zu finden, was uns fehlt. Irgendwo in irgendeinem Bezirk der Welt oder des Geistes, nur nicht da, wo wir stehen, da, wo wir hingestellt worden sind – gerade da und nirgendwo anders aber ist der Schatz zu finden.« (ebd., S. 736)

Dennoch ist danach unsere Entwicklung nicht abgeschlossen. Unser Lebensweg ist insgesamt ein beständiges Durchlaufen dieser Räume. Mit jedem neuen Lebensprojekt sind wir mit den Entscheidungsschritten herausgefordert, wenn wir ein erfülltes Dasein leben. Letztendlich führen wir bei jeder noch so kleinen Entscheidung einen Dialog entlang der beschriebenen Selbstgewahrseinsstufen.

Zur Textauswahl

Die nun folgenden Texte stammen aus dem Gesamtwerk Martin Bubers, und die Auswahl verstehe ich als *gewagtes Angebot*. Die LeserInnen werden beim Auf- und Annehmen der ausgesuchten Kost zwischen Gut und Böse entscheiden. Gilt doch auch hier und immer und ewiglich:

> ›Wo ich gehe – du!
> Wo ich stehe – du!
> Nur du, wieder du, immer du!
> Du, du, du!
> Ergeht's mir gut – du!
> Wenn's weh mir tut – du!
> Nur du, wieder du, immer du!
> Du, du, du!
> Himmel – du, Erde – du,
> Oben – du, unten – du.
> Wohin ich mich wende, an jedem Ende
> Nur du, wieder du, immer du!
> Du, du, du!‹ (Bilder von Gut und Böse, W3, S. 36)

Die Textstellen deuten auf innere Bilder hin, mit denen geistig-seelische Konflikte beschrieben werden können. Auch wenn die einzelnen Stufen Wege für den inneren Dialog aufzeigen, sind sie ebenso als Anregung für den äußeren Dialog gedacht. Will ein Mensch schließlich nach Besinnung auf sich selbst seine Richtung finden, braucht er zudem die Zwiesprache mit einem Gegenüber. Nur durch zwischenmenschliche Bestätigung gelangt der Mensch über die Stufen hinaus und wird der Mensch, der er bzw. sie ist.
Das Essentielle eines Menschen, sein ur-eigenes Leben, seine ihm eingeborene Richtung findet der Mensch durch Bestätigung. Das heißt: Der Mensch braucht den Dialog, er braucht Beziehung, um seine wahren Möglichkeiten zu erkennen. Martin Buber sagt dazu:

> »Der Mensch ist als ein Mensch ein Wagnis des Lebens, undeterminiert und ungefertigt; er bedarf daher der Bestätigung, und diese kann er naturgemäß nur als der einzelne Mensch empfangen, in dem die andern und er selbst ihn in seinem Dieser-Mensch-Sein bestätigen.« (Bilder von Gut und Böse, S. 68)

Diese Bestätigung wird schwierig, wenn der Mensch sich innerlich ablehnt, wenn er das Gute in sich nicht sieht und dem Bösen ausschließlich Raum gibt. Wenn das Selbstwissen zum Ja-Sagen nicht in Bewegung gesetzt ist, muss der Menschen den Prozess von einem *Über-sich-selber-Urteilen* auf ein *Sich-selber-Wollen* durchlaufen. Der Mensch muss sich nicht wählen, wie er von seinen Mitmenschen gemeint ist, »sondern wie er eben ist, wie er selber sich entschlossen hat, sich zu meinen« (ebd., S. 69). Die Entscheidung für sich selbst ist Richtung, gibt Richtung. Das Gute wählen heißt, das wählen, »was ich eben bin« (ebd.).

Wenn der Mensch im Bösen ist, kann er zwischen der Ordnung Gut und Böse wählen oder sich selbst. Bejaht der Mensch die Ordnung, muss er sich selbst überwinden. Bejaht er sich selbst, nimmt er sein Leben in die Hand und braucht kein Nein mehr für das Schicksal. Der Mensch kann seine Wahrheit erkennen, jedoch durch Lüge auch bestimmen. Dies ist der Weg ins Böse. Der Mensch kann jedoch auf eine Person zugehen, die gemeint ist, auf sein wahres Selbst, das einzigartig ist. Der Mensch kann sein einmaliges Sein verwirklichen. Hierin wird die Richtung der Schöpfung offenbar:

> »In der Entscheidung die Richtung annehmen bedeutet somit: die Richtung auf den Punkt des Seins nehmen, an dem ich, den Entwurf, der ich bin, an meinem Teil ausführend, dem meiner harrenden Gottesgeheimnis meiner erschaffenen Einzigartigkeit begegne« (ebd., S. 75).

Ohne Entscheidungen kann der Mensch seine ihm eigene Richtung nicht finden. Diese lebenslängliche Bewährung ist als Offenbarung Ziel der Schöpfung. In der Offenbarung bewährt sich der Mensch. Bewährung ist Einhalten der *Einen Richtung*, und zwar *quantum satis,* d. h. soviel der Mensch vermag.

Neun Entscheidungswege

Jede Leidenschaft, d. h. Zorn, Stolz, Eitelkeit, Neid, Habsucht, Furcht, Unersättlichkeit, Lust, Trägheit fordern den Menschen heraus, das Böse mit dem Guten zu verbinden. Im Folgenden wird jedes geistig-seelische Bild der verschiedenen Triebkräfte kurz beschrieben. Dann folgen die Darlegung der jeweils spezifischen Beziehung zur Welt und schließlich ein Aufzeigen vielfältiger Entscheidungsmöglichkeiten, mit dem Bösen die eigene Lebensgeschichte zu gestalten. Für die praktische Umsetzung gibt uns die folgende chassidische Geschichte, *Triebe brechen*, eine Anregung:

> »Ein junger Mann gab dem Riziner einen Bittzettel, darauf stand, Gott möge ihm beistehn, damit es ihm gelinge, die bösen Triebe zu brechen. Der Rabbi sah ihn lachend an: ›Triebe willst du brechen? Rücken und Lenden wirst du brechen, und einen Trieb wirst du nicht brechen. Aber bete, lerne, arbeite im Ernst, dann wird das Böse an deinen Trieben von selber verschwinden.‹«

Vom Zorn zur Gelassenheit

Im ersten geistig-seelischen Bild nimmt das Böse die Gestalt richtungslosen Zorns an. Ein Zorn-Mensch unterdrückt seine Impulse zum Bösen. Die unbewusste Entscheidung dazu hält ihn davon ab, wirklich auf Menschen einzugehen. Dadurch befindet er sich in einem Teufelskreis, denn ohne den Kontakt zu einem Du geschieht keine ehrliche Selbstbesinnung. Durch Mangel an Begegnung nimmt das Zorn-Ich die Richtung in die Gelassenheit nicht wahr.

Die Blindheit für den eigenen Zorn lässt diesen Zorn-Menschen annehmen, dass die äußere Welt die gleiche Struktur hat wie seine innere. Er hat eine spezifische Welt verinnerlicht, die da heißt: »Ich bin die Ordnung!« Alles, was der Mensch an Ordnung in sich hat, ist seine Welt, ist er. Somit muss jede fremde Beziehungsordnung als ein Eingriff in die eigene Welt und als ein Angriff auf sein Ich gesehen werden, weil jedes andere Du aufgrund der radikalen Einzigartigkeit unter den Menschen eine ihm eigene Struktur hat, die nicht mit der Welt des Zorn-Menschen übereinstimmt. Trennt der Zorn-Mensch sich nicht von seinem inneren Bild, ist ein Dialog äußerst schwierig. Klare Unterscheidung muss aus reinem Selbsterhaltungswillen abgewehrt werden. Erst die Annahme des Unterschieds zwischen dem eigenen Leben und denen der Mitmenschen und der Welt wird Selbstbesinnung auslösen. Der Widerstand zeigt sich am sturen Festhalten, dass die Welt, in der der Zorn-Mensch lebt, die allein richtige ist. Diese Haltung macht es anderen Menschen schwer, mit ihnen in eine echte Beziehung zu treten, weil dem Einzelnen kein Recht auf seinen eigenen Lebensweg zugesprochen wird. Der Zorn-Mensch meint zu wissen, was falsch ist und hält sich irritierender Weise auch selbst für falsch. Hält er an der Haltung fest, versucht er, sich zu verbessern, denn nur so kann das Falsche geändert werden. Das Bild von der eigenen Welt wird somit nicht aufgegeben. Er denkt: »Die Welt ist falsch, also muß sie verändert werden. Und solange ich falsch bin, werde ich fortfahren, die Welt und die Anderen zu verändern.«

Der Zorn-Mensch kann sich für das Wahrnehmen seiner Gefühle entscheiden. Dies gilt insbesondere für seinen Zorn auf sich selbst und andere Menschen. Er wird gelassener, wenn er nicht weiter versucht, Bedürfniserfüllungen durch exakte Regelbefolgung zu erhalten und seine Triebkraft gegen sich selbst zu lenken.

Die sechs Schritte nach der chassidischen Lehre machen deutlich, welche Lebensrichtung der gelebte Augenblick und die Verantwortung in der *Gegenwart* sichtbar machen. Dabei zeigt sich, dass das Leben die beste *Lehre* gibt und das Schönste dabei die *Umfassung* zwischen den Menschen ist. Darüber erschließt sich eine Welt, die Erfüllung im Jetzt findet.

Qual des Erkennens

Wenn Glaube nicht eine bloße Überzeugung oder Gewißheit bedeutet, das Etwas ist, sondern ein Sich-an-Etwas-Binden, einen Einsatz der eignen Person, ein maßlos verbindliches Wagnis, dann gibt es keine Erziehung zum Glauben. Aber es gibt eine Erziehung zu dieser Einsicht, was Glaube ist und was nicht. Man kann niemand zum wirklichen Glauben führen, aber man kann einem das Gesicht des wirklichen Glaubens zeigen, es ihm so deutlich zeigen, daß er den Glauben hinfort nicht mit dessen kunstfertiger Äffin, der ›religiösen‹ Gefühlsamkeit, zu verwechseln vermag. Und man kann ihn lehren, *womit* man glaubt, wenn man wirklich glaubt: mit dem gelebten Augenblick und immer wieder mit dem gelebten Augenblick. Aber wenn irgendeine, dann beginnt diese Erziehung im Bereich der tiefsten Selbstbesinnung: da, wo man sich selber befragt, sich entscheidet und sich erprobt. (Nachlese, S. 112)

Jenseits von Moral

Der große Charakter ist weder als ein System von Maximen noch als ein System von Gewohnheiten zu erfassen. Es ist ihm eigentümlich, mit seiner ganzen Substanz zu handeln. Das heißt, es ist ihm eigentümlich, auf jede Situation, die ihn als handelnden Menschen anfordert, ihrer Einmaligkeit gemäß zu reagieren. Freilich gibt es zwischen Situationen allerhand Ähnlichkeiten, man kann Typen von Situationen konstruieren, man kann jeweils ermitteln, in welche Abteilung die Situation dieses Augenblicks gehört, und aus dem Schatz der ausgebildeten Maximen und Gewohnheiten das Passende holen, die passende Maxime ausnützen, die passende Gewohnheit in Gang bringen. Aber das Untypische der Situation dieses Augenblicks bleibt dann unbeachtet und unerwidert. Das kommt mir vor, wie wenn man bei neugeborenen Kindern sogleich nach dem Geschlecht auch den Typus feststellen und jedes mit denen des gleichen Typus in einer Massenwiege zusammenlegen wollte, über der kein Eigenname mehr, nur noch die Bezeichnung des Typus stünde. Jede lebendige Situation hat, wie ein Neugeborenes, trotz aller Ähnlichkeit ein neues Gesicht, nie dagewesen, nie wiederkehrend. Sie verlangt eine Äußerung von dir, die nicht schon bereitliegen kann. Sie verlangt nichts was gewesen ist. Sie verlangt Gegenwart, Verantwortung, dich. Einen großen Charakter nenne ich den, der durch seine Handlungen und Haltungen den Anspruch der Situation aus einer tiefen Bereitschaft zur Verantwortung seines ganzen Lebens erfüllt, und so, daß sich in der Gesamtheit seiner Handlungen und Haltungen doch auch die Einheit seines Wesens, seines verantwortungswilligen Wesens bekundet. Weil sein Wesen eine Einheit, die Einheit eines Verantwortungswillens ist, schließt sich auch sein aktives Leben zur Einheit zusammen. Und man darf vielleicht sagen, daß sich ihm auch aus den beantwortenden und verantwortenden Situationen eine Einheit, die unumschreibbare Einheit eines sittlichen Schicksals erbaut.

Mit alledem kann keineswegs gemeint sein, daß der große Charakter jenseits der Normen stehe. Einem verantwortenden Menschen bleiben die Normen nicht fremd. Aber das Gebot der echten Norm wird nie zur Maxime und ihre Erfüllung nie zur Gewohnheit. Was ein werdender großer Charakter an Gebot in sich aufnimmt, wirkt in ihm weder als Bestandteil seines Bewußtseins noch als Aufbaustoff seiner Übung, sondern in einer Grundschicht seiner Substanz, wo es verwahrt bleibt, bis es sich ihm konkret offenbart; und was es ihm zu sagen hat, offenbart sich jeweils durch eine Situation, die von ihm eine Erfüllung fordert, von der er vielleicht bisher keine Vorstellung hatte. Auch die universalste Norm gibt sich zuweilen erst im Allerbesondersten zu erkennen. Ich weiß von einem Mann, dem der Blitzstrahl des ›Stiehl nicht!‹ zu einer Stunde ins Herz fuhr, da ihn etwas ganz anderes angewandelt hatte, als der Wunsch, ein Besitztum zu entwenden, und ihm so ins Herz fuhr, daß er nicht bloß unterließ etwas zu tun, sondern etwas geradezu Entgegengesetztes mit der ganzen Kraft seiner Leidenschaft tat. Gut und Böse sind ja einander nicht wie Rechts und Links entgegengesetzt, sondern das Böse tritt uns als ein Wirbel an, das Gute als eine Richtung, und auch im Verbot ist eine Richtung, ein Ja, ein Gebot verborgen, das sich in solchen Stunden auftut. In solchen Stunden redet es einen aus dem Spruch wirklich in der zweiten Person an, und das Du darin ist niemand andrer in der Welt als man selbst. Maximen sind nur der dritten Person, des Jeder und Niemand, mächtig. (Über Charaktererziehung, W1, S. 827 ff.)

Loslassen

Der Weg der Lehre ist demgemäß nicht der zur Ausbildung einer Erkenntnis, sondern der zur reinen Erfüllung in einem zentralen Menschenleben. Das ist an den drei Erscheinungen der Lehre, die uns in hinlänglicher Dokumentation überliefert sind, mit größerer oder geringerer Klarheit zu gewahren.
Diese drei Erscheinungen sind: die chinesische Tao-Lehre, die indische Erlösungslehre, die jüdisch-urchristliche Lehre vom Reiche Gottes. Auch dieser Erscheinungen Dokumentation reicht nicht hin, um ihren Weg ganz zu überschauen. So wissen wir von der werdenden jüdisch-urchristlichen Lehre einiges von den Lebensgemeinschaften, die sie trugen – von den Rechabiten (Jeremia 35) bis zu den Essäern, auf deren uralte Tradition trotz aller Übertreibungen wohl mit Recht hingewiesen wird –, aber sehr wenig von den Worten dieses sozusagen unterirdischen Judentums, die wir nur dürftig aus späten Quellen erschließen oder erahnen können. Hinwieder sind uns in den Schriften der Tao-Lehre Sprüche der ›Alten‹ überliefert, die uns die lange Vorexistenz der Lehre verbürgen, und diese wird auch durch Äußerungen von gegnerischer Seite bestätigt; aber von den Lebensformen, in denen sie sich fortpflanzte, haben wir nur ganz unzulängliche Nachricht. Nicht das indische

Schrifttum, von allen das unvergleichlich größte, bietet eine vollständige Anschauung des Zusammenhangs.
Immerhin genügt das Material, um uns zu zeigen, wie sich die Lehre unabhängig von Wissenschaft und Gesetz bildet und wie sie sich im zentralen Menschen erfüllt, der Wissenschaft und Gesetz ohne Kampf, lediglich durch die Lehre und das Leben überwindet. So überwindet Buddha die vedische Wissenschaft mit der Aufhebung der ›Ansicht‹, die dem Vollendeten nicht zustehe, im ›Pfad‹, und das brahmanische Gesetz mit der Aufhebung der Kasten im Orden. So überwindet Lao-Tse die offizielle Weisheit durch die Lehre vom ›Nichtsein‹, die offizielle Tugend durch die Lehre vom ›Nichttun‹.
Und auch dies können wir an den Erscheinungen der Lehre sehen, daß der zentrale Mensch der Lehre kein neues Element zubringt, sondern sie erfüllt. ›Ich bin nicht gekommen, aufzulösen, sondern zu erfüllen.‹ So sagt auch Lao-Tse von sich, er habe nur das Unerkannte der Vorzeit, die Ahnung des Einen, die im Wort des Volkes ruht, zu erfüllen. Er führt etwa den Spruch an: ›Gewalttätige erreichen nicht ihren natürlichen Tod‹, und fügt hinzu: ›Was die andern lehren, lehre ich auch: ich will daraus einen Vatergrund der Lehre machen.‹ Dies entspricht den Worten der Bergpredigt: ›Ich aber sage euch‹; denn Gewalt ist schon an sich für Lao-Tse das Tote, das Leblose in der Welt, weil sie das Taolose ist. Erfüllen bedeutet hier wie dort: ein Überliefertes aus dem Bedingten ins Unbedingte heben.
Der zentrale Mensch bringt der Lehre kein neues Element zu, sondern erfüllt sie; das heißt: er hebt sie zugleich aus dem Unerkannten ins Erkannte und aus dem Bedingten ins Unbedingte.
In ihrer höchsten Wahrheit erweist sich diese Unbedingtheit des Erfüllenden, welche die Welt der Bedingten wider ihn setzt, erweist sich diese seine Kraft der Erfüllung in seinem Leben. In unvergleichbar höherem Maße noch als vom großen Herrscher, vom großen Künstler und vom großen Philosophen gilt von ihm, daß alles Zerstreute, Flüchtige und Fragmentarische in ihm zur Einheit zusammenwächst; sein Leben ist diese Einheit. Der Herrscher hat seine Völkergestaltung, der Künstler hat sein Werk, der Philosoph hat seinen Ideenbau; der Erfüllende hat nichts als sein Leben. Seine Worte sind Stücke dieses Lebens, jedes Vollstrecker und Urheber, jedes vom Schicksal angesprochen und vom Schicksal aufgefangen, das Herr der Stimmen durch diesen Menschenleib ins Endgültige wandelnd, die schwache Regung vieler To-

ten in ihm zur Macht gebunden, er das Kreuzesholz der Lehre, Erfüllung und Aufhebung, Heil und Untergang. Darum gibt es Logia, die kein Zweifeln anzutasten vermag und die sich, durch die Geschlechter schreitend, auch ohne Schrift unvermischt erhalten kraft der Schicksalsprägung und der elementaren Einzigkeit der erfüllenden Rede. Denn der Erfüllende, der aus allem gebunden ist und doch aus dem Nichts kommt, ist der einzigste Mensch. Obgleich alles Suchen ihn begehrte und alle Einkehr ihn ahnte, wird er, wenn er erscheint, von wenigen erkannt, und diese wenigen sind wohl gar nicht von denen, die ihn ahnten und begehrten: so groß ist seine Einzigkeit – so unoriginell, so unscheinbar, so ganz und gar die letzte Echtheit des Menschentums.

Am sichtbarsten ist dies an Jesus, an dem das Zeugnis, wie es scheint, durch den Tod, das einzige Absolute, das der Mensch herzugeben hat, vollendet worden ist. Ihm zunächst steht Buddha. Lao-Tses Leben bietet sich am wenigsten dar. Das liegt daran, daß es eben das Leben seiner Lehre, ein verborgenes Leben war. In dem kargen Gesicht des Geschichtsschreibers ist alles darüber gesagt; von seinem Leben: ›Seine Lehre war die Verborgenheit des Selbst: namenlos zu werden war das, wonach er strebte‹; und von seinem Tode: ›Niemand weiß, wo er geendet hat: Lao-Tse war ein verborgener Weiser.‹ (Die Lehre vom Tao, W1, S. 1030ff.)

Die Anderen sehen

Der sachlich asketische Charakter des Erziehertums darf jedoch nicht dahin mißverstanden werden, als sei es von Machttrieb und Eros so abgehoben, daß keine Brücke von ihnen zu ihm geschlafen werden kann. Ich habe schon darauf hingewiesen, wie Großes der Eros dem Erzieher bedeuten darf, ohne sein Werk zu versehren. Es geht hier um die Schwelle und die Wandlung an ihr; nicht die Kirche allein hat eine probende Schwelle, an der der Mensch sich wandelt oder zur Lüge wird. Aber damit er diesen stets erneuten Übertritt von Sphäre zu Sphäre vollziehen könne, muß er ihn einmal in entscheidender Weise vollzogen und die Essenz des Erzieherischen in sich aufgenommen haben. Wie geschieht das? Es gibt eine elementare Erfahrung, die den erotischen wie den kratetischen Menschen zumindest in seiner Sicherung erschüttert, die aber mitunter mehr als das tut: mit umschmelzender

Wucht ins Innere des Triebes stürzt. Es gibt eine Umkehr des einzelnen Triebs, die ihn durchaus nicht aufhebt, sondern sein Richtungssystem umkehrt. Eine solche Umkehr kann von der elementaren Erfahrung bewirkt werden, mit der das eigentlich Erzieherische anfängt und auf der es sich gründet. Ich nenne sie die Erfahrung der Gegenseite.

Ein Mensch schlägt auf einen anderen ein, der stillhält. Nun geschehe es urplötzlich dem Schlagenden, daß er einen Schlag, den er führt, empfängt. Denselben Schlag. Als der andere, der Stillhaltende. Einen Augenblick lang erfährt er die gemeinsame Situation von der Gegenseite aus. Die Wirklichkeit tut sich ihm an. Was wird er tun? Er übertobt die Seele oder sein Trieb kehrt um.

Ein Mann liebkost eine Frau, die sich liebkosen läßt. Nun geschehe ihm, daß er die Berührung doppelseitig verspürt: noch mit seiner Handfläche und schon mit der Haut der Frau. Die Zwiefältigkeit der Gebärde, als einer zwischen Person und Person sich ereignenden, zuckt durch die Geborgenheit seines genießenden Herzens und rührt es auf. Wenn er sein Herz nicht übertäubt, wird er – nicht etwa dem Genuß absagen: er wird lieben müssen.

Damit ist keineswegs gemeint, daß der Mensch, dem solches widerfährt, fortan in jeder Begegnung solchermaßen doppelseitig empfinden sollte – das müßte seinen Trieb vielleicht entmächtigen; aber die eine äußerste Erfahrung macht ihm den andern für alle Zeit gegenwärtig: es hat eine Transfusion stattgefunden, nach der eine bloße Auswirkung der Subjektivität nicht mehr möglich, dem Täter nicht mehr erträglich ist.

Erst die Mächtigkeit, die umfaßt, ist Führung; erst der Eros, der umfaßt, ist Liebe. Umfassung, das ist die volle Gegenwärtigkeit des Unterworfenen, des Begehrten, des ›Partners‹, nicht mit der Phantasie, sondern mit der Aktualität des Wesens.

Es wäre verkehrt, das was hier gemeint ist mit dem geläufigen, aber wenig sagenden Terminus der ›Einfühlung‹ zusammenbringen zu wollen. Einfühlung bedeutet, wenn irgend etwas, mit dem eigenen Gefühl in die dynamische Struktur eines Gegenstandes, einer Säule, eines Kristalls, eines Baumastes, wohl auch einer animalischen oder menschlichen Kreatur, zu schlüpfen und sie gleichsam von innen abzulaufen, die Formung und Bewegtheit des Gegenstandes mit den eigenen Muskelempfindungen verstehend; sich hinweg und hinein zu ›versetzen‹. Sie bedeutet somit Ausschaltung der eigenen

Konkretheit, Verlöschen der gelebten Situation, Aufgehen der Wirklichkeit, an der man teilhat, in purer Ästhetik. Umfassung ist das Gegenteil: Erweiterung der eigenen Konkretheit, Erfüllung der gelebten Situation, vollkommene Präsenz der Wirklichkeit, an der man teilhat. Ihre Elemente sind: erstens ein irgendwie geartetes Verhältnis zweier Personen zueinander, zweitens ein von beiden gemeinsam erfahrener Vorgang, an dem jedenfalls eine der beiden tätig partizipiert, drittens das Faktum, daß diese eine Person den gemeinsamen Vorgang ohne irgend etwas von der gefühlten Realität ihres eigenen Tätigseins einzubüßen, zugleich von der andern aus erlebt.

Ein Verhältnis zweier Personen, das in geringerem oder höheren Maß von dem Element der Umfassung bestimmt ist, mögen wir ein dialogisches nennen.

Ein dialogisches Verhältnis wird sich auch in der Echtheit der Gespräche kundgeben, aber es baut sich nicht etwa aus ihnen auf. Vielmehr ist nicht bloß das Miteinanderschweigen solcher zweier Personen ein Dialog, sondern auch in ihrem räumlichen Getrenntsein lebt ihre Dialogik fort, als die stete potentielle Gegenwärtigkeit der einen für die andere, als ein äußerungsloser Verkehr. Hinwieder zieht alles Gespräch seine Echtheit nur aus dem Berührtsein von dem Element der Umfassung, sei es auch nur in dessen abstrakter Erscheinung, als ›Anerkennung‹ des So-Seins des Gesprächspartners – welche real, wirksam nur dann sein kann, wenn sie einer Umfassungserfahrung, einer Erfahrung der Gegenseite entsprungen ist.

Die Umkehr des Machtwillens und die des Eros bedeuten die Dialogisierung der von ihnen bestimmten Verhältnisse; eben deshalb bedeuten sie den Eingang des Triebs in die Verbundenheit mit dem Mitmenschen und in die Verantwortung für ihn als für einen zugeteilten und anvertrauten Lebensbereich. (Über das Erzieherische, W1, S. 800-803)

Und ich, aus tiefem Bewußtsein, wie fast unmöglich es ist, gemeinsam, seis auch nur gegeneinander, zu denken, wo man nicht gemeinsam erfährt, antworte:

Vor allen Dingen, lieber Gegner: wenn wir uns miteinander und nicht aneinander vorbei unterhalten sollen, bitte ich Sie zu beachten, daß ich nicht fordere. Dazu habe ich keine Berufung und nicht einmal eine Befugnis. Ich versuche nur zu sagen, daß es etwas gibt, und anzudeuten, wie das beschaffen ist; ich berichte. Und wie vermöchte man überhaupt das Dialogische zu

fordern! Zwiesprache gibt man keinem auf. Antworten wird nicht gesollt; aber es wird gekonnt.
Es wird wirklich gekonnt. Das Dialogische ist kein Vorrecht der Geistigkeit wie das Dialektische. Es fängt nicht im oberen Stockwerk der Menschheit an, es fängt nicht höher an als wo sie anfängt. Begabte und Unbegabte gibt es hier nicht, nur Sichhergebende und Sichvorenthaltende. Und wer sich morgen hergibt, dem ists heute nicht anzumerken, auch er selber weiß noch nicht, daß ers in sich hat, daß wirs in uns haben, er wirds eben finden, ›und wenn er findet, wird er staunen‹.
Sie halten mir den in Pflicht und Betrieb Genommenen vor. Ja, den gerade meine ich, den, den in der Fabrik, den im Laden, den im Bureau, den unter Tag, den am Dampfflug, den in der Setzerei, den Menschen. Ich suche nicht nach Menschen, suche mir die Menschen nicht aus, ich nehme an die da sind, sie habe ich im Sinn, ihn, den Eingespannten, den Radtretenden, den Bedingten. Zwiesprache ist keine Angelegenheit des geistigen Luxus und der geistigen luxure, sie ist eine Sache der Schöpfung, des Geschöpfs, und das ist er, der Mensch, von dem ich rede, der Mensch, von dem wir reden, Geschöpf, triviale Unersetzlichkeit.
In meinen Hinweisen auf das Dialogische habe ich die Beispiele so ›rein‹, so paradigmatisch wählen müssen, als die Erinnerung sie mir irgend darbot: um mich über so unvertraut Gewordenes, so schier Verschollenes deutlich zu machen. Darum erzähle ich scheinbar nur aus dem Bezirk, den sie den geistigen nennen, in Wirklichkeit nur aus dem Bezirk des Glückenden, des sich Rundenden, eben des Exemplarischen. Aber es geht mir nicht um das Reine. Um das Trübe geht es mir, um das Gehemmte, um den Trott, um die Mühsal, um die dumpfe Widersinnigkeit – und um den Durchbruch. Um den Durchbruch geht es und nicht um eine Vollkommenheit, und zwar um den Durchbruch nicht aus der Verzweiflung mit ihren mörderischen und erneuernden Gewalten, nein, nicht um den großen, katastrophalen, einmaligen (von ihm geziemt es eine Weile – auch im eigenen Herzen – zu schweigen), sondern um das Durchbrechen aus dem Status der dumpftemperierten Widerwärtigkeit, Widerwilligkeit und Widersinnigkeit, in dem der Mensch, den ich aufs Geratewohl aus dem Getümmel greife, lebt und aus dem er durchbrechen kann und zuweilen durchbricht. Wohin? In nichts Erhabenes, Heroisches, Heiliges, in kein Entweder und in kein Oder, nur in diese kleine Strenge und

Gnade des Alltags, wo ich mit eben derselben ›Wirklichkeit‹, in deren Pflicht und Betrieb ich genommen bin, so zu tun bekomme, so Blick in Blick, Wink in Wink, Wort in Wort, daß ich sie als mir und mich als ihr gereicht, sie als zu mir und mich als zu ihr geredet erfahre und mir nun in all dem Gerassel der Routine, das ich meine Wirklichkeit nannte, unansehnlich und herrlich die wirkende Wirklichkeit, die kreatürliche, die anvertraute und verantwortende erscheint. Den Sinn finden wir nicht in den Dingen vor, wir legen ihn auch nicht in die Dinge hinein, aber zwischen uns und den Dingen kann er sich begeben. (Zweisprache, W1, S. 209f.)

Lebensfreude

Im echten Gespräch geschieht die Hinwendung zum Partner in aller Wahrheit, als Hinwendung des Wesens also. Jeder Sprecher meint hier den Partner, an den, oder die Partner, an die er sich wendet, als diese personhafte Existenz. Jemanden meinen heißt in diesem Zusammenhang zugleich das dem Sprecher in diesem Augenblick mögliche Maß der Vergegenwärtigung üben. Die erfahrenden Sinne und die Realphantasie, die das von ihnen Befundene ergänzt, wirken zusammen, um den andern als ganze und einzige, als eben diese Person gegenwärtig zu machen. Der Sprecher nimmt aber den ihm so Gegenwärtige nicht bloß wahr, er nimmt ihn zu seinem Partner an, und das heißt: er bestätigt, soweit Bestätigen an ihm ist, diese andere Sein. Die wahrhafte Hinwendung seines Wesens zum andern schließt diese Bestätigung, diese Akzeptation ein. Selbstverständlich bedeutet solch eine Bestätigung keineswegs schon eine Billigung; aber worin immer ich wider den andern bin, ich habe damit, daß ich ihn als Partner echten Gesprächs annehme, zu ihm als Person Ja gesagt.

Des weiteren muß, wenn ein echtes Gespräch entstehen soll, jeder, der daran teilnimmt, sich selber einbringen. Und das bedeutet, daß er willens sein muß, jeweils zu sagen, was er zu dem besprochenen Gegenstand im Sinn hat. Und das wieder bedeutet, daß er jeweils den Beitrag seines Geistes ohne Verkürzung und Verschiebung hergebe. Auch sehr redliche Menschen wähnen, im Gespräch durchaus nicht gehalten zu sein, alles zu sagen ›was sie zu sagen haben‹. Aber in der großen Treue, welche der Atemraum des echten Gesprächs ist, hat das, was ich jeweils zu sagen habe, schon in mir den Charakter des Gesprochenwerdenwollens, und ich darf es nicht davon ab-, darf es nicht in mir zurückhalten. Es trägt ja, mir unverkennbar, das Zeichen, das die Zugehörigkeit zum gemeinschaftlichen Leben des Wortes anzeigt. Wo das dialogische Wort echtbürtig besteht, muß ihm sein Recht durch Rückhaltlosigkeit werden. Rückhaltlosigkeit aber ist das genaue Gegenteil des Drauflosredens. Alles kommt auf die Legitimität des ›Was ich zu sagen habe‹ an. Und freilich muß ich auch darauf bedacht sein, das, was ich eben jetzt zu sagen habe, aber noch nicht sprachlich besitze, ins innere Wort und sodann ins lautliche zu heben. Sagen ist Natur und Werk, Gesproß und Gebild zugleich, es hat, wo es dialogisch, im Atemraum der großen Treue erscheint, die Einheit beider stets neu zu vollenden.

Dazu gesellt sich jene Überwindung des Scheins, auf die ich hingewiesen habe. In wem auch noch in der Atmosphäre des echten Gesprächs der Gedanke an die eigene Wirkung als Sprecher des von ihm zu Sprechenden waltet, der wirkt als Zerstörer. Wenn ich statt des zu Sagenden mich anschicke, ein zur Geltung kommendes Ich vernehmen zu lassen, habe ich unwiederbringlich verfehlt, was ich zu sagen gehabt hätte, fehlbehaftet tritt es ins Gespräch, und das Gespräch wird fehlbehaftet. Weil das echte Gespräch eine ontologische Sphäre ist, die sich durch die Authentizität des Seins konstituiert, kann jeder Einbruch des Schein es versehren.

Wo aber das Gespräch sich in seinem Wesen erfüllt, zwischen Partnern, die sich einander in Wahrheit zugewandt haben, sich rückhaltlos äußern und vom Scheinenwollen frei sind, vollzieht sich eine denkwürdige, nirgendwo sonst sich einstellende gemeinschaftliche Fruchtbarkeit. Das Wort ersteht Mal um Mal substantiell zwischen den Menschen, die von der Dynamik eines elementaren Mitsammenseins in ihrer Tiefe ergriffen und erschlossen werden. Das Zwischenmenschliche erschließt das sonst Unerschlossene. (Elemente des Zwischenmenschlichen, W1, S. 285f.)

Ursprung

Ich möchte das Wichtigste auch denen vergegenwärtigen, die die religiöse Sprache nicht verstehen können oder wollen und daher der Meinung sind, ich spräche von Theologie. Ich spreche von der *Wirklichkeit der Geschichte*. In der Wirklichkeit der Geschichte geht es nicht so zu, daß man sich ein gerechtes Ziel setzt, einen Weg dazu wählt, wie ihn etwa die Gunst der Stunde darbietet, und auf diesem Weg das gesetzte Ziel auch erreicht. Damit das er-

reichte Ziel dem gesetzten gleiche, muß diesem der Weg in seinem Wesen gleichen. Ein falscher, das heißt: zielwidriger Weg führt zu einem falschen Ziel. Was durch Lüge zustande gebracht wird, kann die Maske der Wahrheit, was durch Gewalt zustande gebracht wird, die Maske der Gerechtigkeit vorbinden, und eine Weile mag die Täuschung gelingen; aber bald wird erkannt, daß die Lüge in ihrem Wesen Lüge und die Gewalt in ihrem Wesen Gewalt geblieben ist, und sie werden das geschichtliche Los alles Falschen erfahren.
Ich höre manchmal sagen, eine Generation müsse sich opfern, sie müsse ›die Sünde auf sich nehmen‹, damit die kommenden Geschlechter frei werden, Gerechtigkeit zu üben. Aber es ist ein törichter Selbstbetrug, man könne selber ein wüstes Leben führen und seine Kinder zu guten und glücklichen Menschen erziehen: sie werden zumeist Heuchler oder Friedlose.
Die Geschichte hat uns viel zu lehren; aber man muß verstehen, sich von ihr belehren zu lassen. Die Momentserfolge, auf die man hinzuschauen pflegt, sind nur die Kulissen der Weltgeschichte; die echten Siege, die in der Verborgenheit erfochten werden, sehen für den Vordergrundsblick mitunter wie Niederlagen aus. Die echten Siege geschehen langsam und unmerklich, aber sie wirken weithin. Vor den Kulissen nimmt sich unser Glaube, daß Gott der Herr der Geschichte ist, zuzeiten lächerlich aus; aber es gibt eine Heimlichkeit der Geschichte, die unsern Glauben bestätigt.
Wer Frieden stiftet, so haben unsre Weisen gelehrt, ist ein Werkgenosse Gottes. Aber man stiftet Frieden nicht mit versöhnlichen Worten an die andern und nicht mit menschheitsfreundlichen Projekten; man stiftet ihn, man hilft, den Weltfrieden zu verwirklichen, indem man Frieden selber da verwirklicht, wo man dazu berufen und aufgerufen ist: in der Aktivität der eigenen Gemeinschaft, da, wo sie selber ihr Verhältnis zu einer andern Gemeinschaft aktiv mitzubestimmen vermag. Die Friedensbotschaft der Prophetie an Israel gilt nicht erst für messianische Zeiten; sie gilt für den Tag, wo das Volk neu berufen wird, an der Gestaltung des Schicksals seiner Urheimat teilzunehmen – sie gilt für heute. ›Wenn nicht jetzt, wann denn?‹ Die Erfüllung im Dann ist an die Erfüllung im Jetzt mit geheimnisvollen Stricken gebunden.
(Wann denn? Ein Land und zwei Völker, S. 147f.)

Vom Stolz zur Demut

Ein zweites geistig-seelisches Bild des Bösen zeigt der Stolz-Mensch. Er glaubt, die Kraft, die uns zu falschen Entscheidungen führt, unter Kontrolle zu haben, indem er angeblich nur Gutes tut. In seinen Augen ist er dann gut, wenn er anderen Menschen hilft. Dadurch meint er, in einer echten Beziehung zu seinen Mitmenschen zu sein. In Wirklichkeit steht er jedoch in keinem respektvollen Abstand zu seinem Gegenüber.

Die Persönlichkeitsstruktur eines Stolz-Menschen läßt ihn glauben, dass er allein die Welt gestaltet. Ihm scheint, als wenn nur sein Wille die Welt verändert. Bekanntermaßen kommt Hochmut vor dem Fall. Dieser Mensch wird Erniedrigungen solange aushalten, bis er erkennt, wie er sich Einem Willen unterordnen muß, der größer als er ist. Dieser Wille ist Einer von der Welt unabhängiger. Nur durch Gottes Wille existiert die Welt, die Seine Schöpfung ist.

Ein Stolz-Mensch übt echte Demut, wenn er sich entscheidet, seine Probleme und nicht die der seiner Mitmenschen löst. Insbesondere überwindet er seinen Hochmut durch das Erfüllen seiner Bedürfnisse und der Aufgabe, andere Menschen durch ein verführerisches Image beeindrucken zu wollen.

Die sechs Schritte nach der chassidischen Lehre zeigen dem Stolz-Menschen, wie er sich für eine Demuts-Haltung entscheiden kann. In konkreten Situationen ist es für ihn wichtig, erst einmal genau hinzusehen, was geschieht, um dann Antwort zu geben. Es geht darum, der wahren *Wirklichkeit* zu dienen. Dafür braucht dieser Mensch ein ehrliches Gegenüber, das er ebenso wirklich sieht und dem er ernsthaft vertraut. Geschieht dies mehr und mehr aus einer inneren *Freiheit* heraus, kann er seine Mitmenschen in Demut *umfassen.*

Wo bin ich?

Der Unglückliche hört nicht zu, wenn rings um ihn die eitlen Mäuler sein Schicksal beschwatzen; wenn aber, den leeren Lärm durchstoßend, eine Stimme ihn beim Namen anruft, die er seit langem kennt und verehrt, eine große ernste Stimme, horcht er auf. Was diese Stimme mir zu sagen hat – so denkt er –, das kann nur guter Rat und echter Trost sein, denn der da redet, weiß, was Leid ist, er weiß, das der Leidende des echten Trostes fast noch mehr als des guten Rats bedarf, und er hat beides, Weisheit, um richtig zu raten, und jene schlichte Einheit von Glauben und Liebe, der allein sich das Geheimnis des Tröstens erschließt. Doch was er nun zu hören bekommt, enthält zwar Elemente einer ihm, eben aus dem Munde dieses Sprechers, wohlbekannten und an sich hohen Lobes würdigen Anschauung, aber auf ihn und seine Lage passen sie gar nicht, sie sind gar nicht wirklich an ihn gerichtet, jedem Wort merkt er an, daß es nur aus allgemeinen, wie gesagt sehr preisenswerten Grundsätzen geschöpft ist, und daß der Sprecher ihn, den Angerufenen, in dieser seiner Lage nicht sieht, ihn, ehe er das Wort ergriff, nicht angesehen hat, daß er ihn und seine Lage nicht kennt. Dazu kommt aber noch, daß sich mit Rat und Trost ein Drittes mischt, das beide übertönt: der Vorwurf. Nicht als wollte der Leidende in dieser Stunde von dem verehrten Manne keine Anklage entgegennehmen – im Gegenteil: erst wenn sich mit dem guten Rat und dem echten Trost der gerechte Vorwurf verbände, und beiden ihren Sinn und Grund gäbe, erkenne er im Bringer des Wortes den Boten. Aber die Anklage, die da geäußert wird, ist eine ganz andere, als die er aus dem Sturm der Ereignisse und aus dem schweren Schlage des eigenen Herzens vernimmt, eine fast entgegengesetzte, – er prüft, er forscht, nein: sie ist nicht gerecht. Und das durchbohrt den Panzer seines Schweigens. Was das Wüten des Feindes nicht zustande brachte, bewirkt der freundliche Zuspruch: er muß antworten. Daß die Meister der Eishölle, ruft er, auf einen kunstfertig hergestellten Popanz meinen Namen kleben, ist in ihrem Wesen und im Wesen ihrer Beziehung zu mir begründet; aber du, Mann des guten Willens, wie weißt du nicht, daß man den sehen muß, den man anspricht, ihn in seiner Beschaffenheit, an seinem Orte, von seinem Schicksal umwittert! (Brief an Gandhi, Ein Land zwei Völker, S. 158f.)

Eitelkeit

Wir leben in einem Zeitalter der Entwertung des Wortes. Der sprachbegabte Geist hat allzu hemmungslos seine Sprache den jeweils mächtigen Strömungen zur Verfügung gestellt. Statt das Wort in der Stille der Verantwortung aus dem Gedanken wachsen zu lassen, hat er es mit einer beinah mechanisierten Kunstfertigkeit für den Bedarf hergestellt. Diesen ›Verrat‹ haben nicht die Clercs allein zu büßen, deren Rede nun auf mißtrauische Ohren trifft; schlimmer ist es, daß ihre Hörerschaft, daß vor allem die ganze heute junge Generation das edelste Glück junger Menschen entbehren muß: dem Geist vertrauen zu dürfen. Es ist zu verstehen, daß viele von ihnen nunmehr in den Gebilden des Geistes nur noch ›Ideologien‹ erblicken, prunkvolle Mäntelchen sehr simpler Gruppeninteressen; daß sie an eine Wahrheit, die über den Parteien, über den Machthabern und Machtbegierigen steht, nicht mehr glauben wollen. Sie sagen uns, einander und sich selbst, sie seien es müde, mit erhabenen Illusionen gefüttert zu werden; man müsse auf die ›natürliche‹ Grundlage, auf die unverstellten Instinkte, zurückgreifen; auf der schlichten Selbstbehauptung sei, wie das Leben der Person, da das jedes Volkes zu errichten.

Wie immer es die andern halten: wir, meine Freunde, dürfen diesen Weg nicht gehen. Sind wir wirklich Juden, das heißt Träger einer Überlieferung und eines Auftrags, so wissen wir, was uns überliefert ist: daß es eine Wahrheit gibt, die das ›Siegel Gottes‹ ist, und wissen, was uns aufgetragen ist: diese eine Wahrheit sich in unserem vielfältigen Leben ausprägen zu lassen. Haben können wir sie freilich nicht, denn sie ist Gottes allein; siegeln können wir mit ihr nicht. Aber wir können das vielfältige Wachs sein, in dem sie sich ausformt; jeder ein anderes Wachs, von anderer Farbe und Art, aber alle aufnahmefähig für die Ausgestaltung der Wahrheit – denn alle sind wir ›im Ebenbild geschaffen‹, darauf angelegt, Bilder des göttlichen Wesens zu werden. Gewiß, wir besitzen die Wahrheit nicht; aber deshalb sind wir weder auf bloße Ideologien noch auf bloße Instinkte angewiesen, denn jedem von uns ist die Möglichkeit eröffnet, in ein echtes Realverhältnis zur Wahrheit zu treten. Zu einem solchen Verhältnis genügt jedoch das Denken nicht, das ja nur ein Teil unseres Wesen ist; auch das Gefühl genügt dazu nicht; nur mit dem ungeteilten, einigen Leben, das von uns gelebt wird, erlangen wir es. Der Geist kann von seinem letzten Sündenfall, von der Entheiligung des Wortes, nur erlöst werden, wenn das Wort gedeckt und verantwortet wird durch das ganze gelebte Leben. Der Verrat der Geistigen kann nicht dadurch gesühnt werden, daß der Geist sich auf sich selber zurückzieht, sondern dadurch nur, daß er den falschen Wirklichkeitsdienst durch den wahren ersetzt und gutmacht. Es soll nicht den Mächten des Tages und dem, was sie Wirklichkeit nennen, dienen, nicht dem kurzlebigen Schein; er soll der echten großen Wirklichkeit dienen, in der die Wahrheit Gottes verwirklicht werden will; er soll dienen. Der Menschengeist, der über den Situationen schweben will,

wird, mag er noch so herrlich sein, der Lebendigkeit nicht teilhaftig werden; nur wenn er, ohne seinen obern Ursprung zu verleugnen, vielmehr gerade um ihn zu bewähren, in die Situation eingeht, wird er fruchtbar sein, wird er Leben zeugen und leben. Bleibet dem Geist treu, meine Freunde, aber bleibet ihm treu in der Wirklichkeit! Unsre erste Frage muß sein: Was ist die Wahrheit, was ist Gottes Gebot an uns? Aber unsre zweite muß sein: Wie erfüllen wir es da, wo wir stehen?
Wir werden es nicht erfüllen, gar nicht, wenn wir unsre Welt und unser Leben teilen in einen Bezirk, in dem das Gebot Gottes herrscht, und in einen andern, der von den Gesetzen der Wirtschaft, der Politik, der ›schlichten Selbstbehauptung‹ der Gruppe ausschließlich bestimmt ist. Dieser Dualismus ist noch weit bedenklicher als jener Naturalismus, von dem ich vorher sprach. Ein Herausbrechen aus der Verbundenheit des Daseins mit dessen Sinn ist es, wenn man sich die Ohren stopft, um die Stimme von oben nicht zu hören; wer aber die Stimme hört und zugleich das Gebiet abgrenzt, außerhalb dessen sie keine Geltung beanspruchen dürfe, der stellt sich nicht jener abseits, sondern unmittelbar gegen Gott. (Wann denn? Ein Land und zwei Völker, S. 143ff.)

Jenseits der vielen Menschen

Von sozialen Phänomenen dürfen wir überall da sprechen, wo das Miteinanderdasein einer Vielheit von Menschen, ihre Verbundenheit miteinander gemeinsame Erfahrungen und Reaktionen zur Folge hat. Diese Verbundenheit aber bedeutet nur, daß all die einzelnen Existenzen in einer gruppenhaften beschlossen und von ihr umfangen sind; sie bedeutet nicht, daß zwischen einem und dem andern innerhalb der Gruppe eine irgend personhafte Beziehung bestehe. Wohl empfinden sie einander spezifisch zusammengehörig in einer Weise, die von jeder möglichen Zusammengehörigkeit mit jemandem außerhalb der Gruppe sozusagen grundsätzlich verschieden ist; und wohl ergeben sich auch immer wieder, insbesondere im Leben kleinerer Gruppen, Kontakte, die die Entstehung individueller Beziehungen häufig begünstigen, nicht selten freilich eher erschweren. Auf keinen Fall jedoch involviert schon die Mitgliedschaft in der Gruppe eine Wesensrelation zwischen einem Mitglied und dem andern. Es hat zwar in der Geschichte Gruppen gegeben, die sogar höchst intensive und intime Beziehungen zwischen je zwei

Angehörigen – etwa homoerotische wie bei den japanischen Samurai und den dorischen Kriegern – umfaßten und sie um des strafferen Zusammenhalts der Gruppe willen begünstigen; im allgemeinen aber ist zu sagen, daß die Führungen der Gruppen, zumal im späten Verlauf der Menschengeschichte, eher geneigt sind, das persönliche Beziehungselement zugunsten des rein kollektiven Elements zu verdrängen. Wo dieses ausschließlich oder doch überwiegend waltet, fühlt sich der Mensch von der Kollektivität getragen, die ihn der Einsamkeit, der Weltangst, der Verlorenheit enthebt, und in dieser für den modernen Menschen wesentlichen Funktion scheint das Zwischenmenschliche, das Leben zwischen Person und Person, mehr und mehr gegen das Kollektive zurückzutreten. Das kollektive Miteinander ist darauf bedacht, die Neigung zum personhaften Zueinander in Schranken zu halten. Es ist, als sollten die in der Gruppe Verbundenen in der Hauptsache nur noch gemeinsam dem Werk der Gruppe zugekehrt sein und nur in sekundären Begegnungen sich den von jener tolerierten persönlichen Beziehungspartnern zuwenden.

Der Unterschied zwischen den zwei Bereichen ist mir einmal sehr spürbar geworden, als ich mich in einer großen Stadt dem Umzug einer Bewegung angeschlossen hatte, der ich nicht angehörte; ich tat es aus Anteilnahme an der von mir als bevorstehend geahnten tragischen Entwicklung im Schicksal eines Freundes, der einer der Führer jener Bewegung war. Während der Zug sich formte, stand ich im Gespräch mit ihm und einem andern, einem gutherzigen ›wilden Mann‹, der aber auch schon vom Tod gekennzeichnet war. In diesem Augenblick fühlte ich die beiden noch wirklich mir gegenüber, jeden von beiden als einen mir vertrauten Menschen, vertraut auch noch in dem, was mir am fernsten war; so anders als ich, daß meine Seele sich je und je an seiner Anderheit wehstieß, aber doch mit eben dieser Anderheit mir das Sein authentisch gegenüberstellend. Da setzten sich die Formationen in Gang, und nach kurzer Zeit war ich schon allem Gegenüber entrückt, nur noch in denn Zug einbezogen, den ziellosen Schritt mitschreitend, und ganz ebenso verhielt es sich offenbar mit den beiden, mit denen ich eben erst das Menschenwort getauscht hatte. Nach einer Weile kamen wir an einem Kaffeehaus vorbei, in dem ich tags vorher mit einem mir nur flüchtig gekannten Musiker zusammengesessen hatte. Im gleichen Nu öffnete sich die Tür, der Musiker stand an der Schwelle, erblickte mich, anscheinend mich allein, winkte mir zu. Sogleich war es mir, als würde ich aus dem Zug und der Gegenwart der mitschreitenden Freunde geschaltet und dorthin, dem Musiker gegenüber, gestellt. Ich wußte nichts davon, daß ich im gleichen Takt weiterging, ich erfuhr mich als drüben stehend und lautlos, mit einem Lächeln des Einvernehmens, dem Anrufenden die Antwort gebend. Als das Bewußtsein der Tatsächlichkeit mir wiederkehrte, hatte der Zug, dessen Spitze meine Gefährten und ich bildeten, das Kaffeehaus schon hinter sich gelassen.

Selbstverständlich erstreckt sich der Bereich des Zwischenmenschlichen weit über den der Sympathie hinaus. Es können ihm schon so simple Vorfälle zugehören, wie wenn im überfüllten Straßenbahnwagen zwei Unbekannte Beachtungsblicke tauschen, um sogleich wieder in die Konvenienz des Nichts-voneinander-wissen-wollens zurückzugleiten. Aber auch alles, noch so beiläufige, Zusammentreffen von Gegnern ist hierher zu zählen, wenn es auf die gegenseitige Haltung einwirkt, wenn sich also etwas, wie unmerklich auch, zwischen ihnen vollzieht, gleichviel ob es zur Stunde gefühlsbetont ist oder nicht. Es kommt auf nichts anderes an, als daß jedem von zwei Menschen der andere als dieser bestimmte Andere widerfährt, jeder von beiden des anders eben so gewahr wird und eben daher sich zu ihm verhält, wobei er den andern nicht als sein Objekt betrachtet und behandelt, sondern als seinen Partner in einem Lebensvorgang, sei es auch nur in einem Boxkampf. Dies ist das Entscheidende: das Nicht-Objekt-sein. Bekanntlich behaupten manche Existenzialisten, es sei das Grundfaktum zwischen Menschen, daß einer dem andern Objekt ist; soweit es aber so zugeht, ist die eigentümliche Wirklichkeit des Zwischenmenschlichen, das Geheimnis des Kontakts, schon in hohem Maße eliminiert. Ganz kann es freilich nicht eliminiert werden. Man nehme als krasses Beispiel dies, daß zwei Menschen einander beobachten: das Wesentliche an der Begebenheit ist nicht, daß der eine den andern zu seinem Objekt macht, sondern daß und warum es ihm nicht völlig gelingt. Gegenstand der Beobachtung werden zu können haben wir mit jedem Ding gemein; daß ich aber durch die verborgene Aktion meines Seins der Objektivierung eine unübersteigliche Schranke zu setzen vermag, ist das Privileg des Menschen. Wahrgenommen, als seiende Ganzheit wahrgenommen kann es nur partnerlich werden. (Elemente des Zwischenmenschlichen, W1, S. 269-272)

Die einzelne Person sein

Dieser Mensch ist anders, wesenhaft anders als ich, und diese seine Anderheit meine ich, weil ich ihn meine, ich bestätige sie, ich will sein Anderssein, weil ich sein Sosein will; das ist der Grund-Satz der Ehe, und von diesem ihrem Grunde aus führt sie, gerade wenn sie es wirklich ist, zur Einsicht in das Recht und die Rechtmäßigkeit des Anderssein und damit zu jener vitalen Anerkennung der vielgesichtigen Anderheit – auch noch im Widerspruch und Streit mit ihr –, von der der Verkehr mit dem öffentlichen Wesen sein religiöses Ethos erhält. Daß die Menschen, mit denen zusammen ich dem öffentlichen Wesen eingetan bin und mit denen ich darin unmittelbar oder mittelbar zu tun bekomme, wesenhaft anders sind als ich, daß der und der nicht bloß ein andres Gemüt, eine andre Denkweise, eine andre Gesinnung und eine andre Haltung, sondern auch eine andre Weltwahrnehmung, eine andre Erkenntnis, eine andre Sinnhaftigkeit, ein andres Berührtwerden vom Sein her hat: das alles mitten in den harten Konfliktsituationen und ohne ihren Wirklichkeitsernst aufzuweichen bejahen, es geschöpflich bejahen, dies ist es, wodurch wir in diesem weiten uns mitanvertrauten Bereich als Helfer amten dürfen und von wo allein uns je und je erlaubt ist, in unserm Bedenken an die ›Wahrheit‹ oder ›Unwahrheit‹, die ›Treue‹ oder ›Untreue‹, die ›Gerechtigkeit‹ oder ›Ungerechtigkeit‹ des Andern, in Demut und redlicher Erforschung zu rühren. Dazu aber führt uns, wenn sie es wirklich ist, mit kaum ersetzbarer Mächtigkeit die Ehe, durch ihre gleichmäßige Erfahrung der Lebenssubstanz des Andern als des Andern, und mehr noch durch ihre Krisen und deren aus organischen Urtiefen aufsteigende Überwindungen: wenn das Ungetüm der Anderheit, das eben erst uns mit seinem eisigen Dämonenatem anblies, durch unser auferstandenes, alles Nein kennendes und vernichtendes Ja zum Andern erlöst sich in den gewaltigen Engel der Einung verwandelt, von dem wir im Mutterschoß träumten.

Freilich besteht zwischen dem privaten Wesen, dem die Ehe angehört, und dem öffentlichen ein gattungsmäßiger Unterschied: die *Identifikation* vollzieht sich dort und hier auf eine qualitativ verschiedene Weise. Das private Wesen ist eben das, mit dem der Mensch, jedenfalls in den Zeiten der Gesundheit dieses Wesens, sich, ungeachtet der individuellen Differenz, der naturhaft-geisthaften Differenz, zwischen den Mitgliedern einer Familie etwa, in aller Konkretheit identifizieren kann, indem er von dieser seiner Familie oder von diesem seinem Bund (der echte Bund steht in dieser Hinsicht auf der Seite des privaten Wesens, in andrer auf der des öffentlichen) in aller Konkretheit Wir, ja Ich sagt und damit nicht bloß das Ganze, sondern zugleich die einzelnen von ihm in ihrem Sosein erkannten und bejahten Personen meint; wogegen die Identifizierung mit dem öffentlichen Wesen nicht wirklich die konkreten Personen konkret zu umfassen vermag. Ich sage etwa von meinem Volk Wir, und dies kann sich bis zu einem elementaren ›Das bin ich‹ steigern; sowie aber die Konkretion, die Achtsamkeit auf die Personen, aus denen das Volk besteht, hinzutritt, begibt sich eine Aufspaltung, und das Wissen um die unüberbrückbare Vielheits-Anderheit durchdringt die Identifikation in breitem Rinnsal. Geschähe Ähnliches seinem Bezirk des privaten Wesens, so würde er entweder in sich fragwürdig oder ginge ins öffentliche über; für das Verhältnis zum öffentlichen Wesen kann jede solche Prüfung eine Erprobung und Befestigung sein. (Die Frage an den Einzelnen, W1, 240ff.)

Der Demut folgen

Das griechische Wort Charakter bedeutet Einprägung. Die besondere Verbindung zwischen Sein und Erscheinen des Menschen, der besondere Zusammenhang zwischen seiner Wesenseinheit und der Folge seiner Handlungen und Haltungen wird seiner noch plastischen Substanz eingeprägt. Wer prägt sie ein? Alles prägt: die Natur und die soziale Umwelt, das Haus und die Straße, die Sprache und die Sitte, die Welt der Geschichte und die Welt der täglichen Nachrichten aus Gerücht, Radio und Zeitung, die Musik und die Technik, das Spiel und der Traum, alles miteinander, – manches, indem es Übereinstimmung, Nachahmung, Sehnsucht, Streben erweckt, anderes, indem es Fragen, Zweifel, Abneigung, Widerstand erzeugt; gerade durch das Ineinandergreifen der verschiedenartigen, einander entgegengesetzten Wirkungen wird der Charakter geprägt. Und mitten drin in dieser prägenden Unendlichkeit steht der Erzieher, nur ein Element unter unzähligen, aber von ihnen allen unterschieden durch den *Willen*, an der Prägung des Charakters teilzunehmen, und durch das *Bewußtsein* eine bestimmte *Auswahl* des Seins, die Auswahl des ›Richtigen‹ dessen, was sein *soll*, dem werdenden Menschen gegenüber zu vertreten. In diesem Willen und in diesem Bewußtsein ist seine Berufung als Erzieher grundlegend ausgedrückt. Zweierlei erwächst daraus für den Erzieher: zum ersten die Demut, das Gefühl, nur ein Element inmitten der Fülle des Lebens, nur eine einzelne Existenz inmitten all der unermeßlichen auf den Zögling einwirkenden Wirklichkeit zu sein, zum zweiten aber die Selbstbesinnung, das Gefühl, darin die einzige auf den ganzen Menschen einwirken *wollende* Existenz zu sein, und damit das Gefühl der Verantwortung für die Auswahl des Seins, die er dem Zögling gegenüber vertritt. Und noch ein Drittes ergibt sich aus alledem: die Erkenntnis, daß es hier, im Bereich der Charaktererziehung, der Ganzheitserziehung, nur *einen* Zugang zum Zögling gibt, dessen *Vertrauen*. Vertrauen bedeutet die für den Jugendlichen, den die unzuverlässige Welt erschreckt und enttäuscht, befreiende Einsicht, daß es eine menschliche Wahrheit, die Wahrheit menschlicher Existenz gibt. In der Sphäre des Vertauens tritt an die Stelle jenes Widerstandes gegen das Erzogenwerden ein eigentümlicher Vorgang: der Zögling nimmt den Erzieher als Person an. Er fühlt, daß er diesem Menschen vertrauen darf; daß dieser Mensch nicht ein Geschäft an ihm betreibt, sondern an seinem Leben teilnimmt; daß dieser Mensch ihn bestätigt, ehe er ihn beeinflussen will. Und so lernt er *fragen*.

Der Lehrer, an den zum ersten Mal ein Knabe herantritt, mit etwas trotziger Miene, aber mit bebenden Händen, sichtlich aufgeschlossen und von einer kühnen Hoffnung befeuert, und ihn fragt, was wohl in einer bestimmten Situation des Rechte wäre, z. B. ob man, wenn man erfährt, daß ein Freund ein Geheimnis, das man ihm anvertraut hatte, verriet, ihn zur Rede stellen oder sich damit begnügen solle, ihm fortan keine Geheimnis mehr anzuvertrauen, – der Lehrer dem das widerfährt, merkt, daß er nun den ersten bewußten Schritt auf dem Weg der Charaktererziehung zu machen hat: er hat zu antworten, unter Verantwortung zu antworten, eine Antwort zu geben, die wahrscheinlich über die Alternative der Frage hinausführt, indem sie eine dritte Möglichkeit eröffnet, welche die richtige ist. Diktieren, was im allgemeinen gut und böse ist, das ist seines Amtes nicht, aber antworten, auf eine konkrete Frage antworten, antworten, was in einer bestimmten Situation richtig und was falsch ist, das ist seines Amtes. Geschehen kann das, wie gesagt, nur in der Atmosphäre des Vertrauens. Vertrauen erwirbt man selbstverständlich nicht, indem man sich bemüht es zu erwerben, sondern indem man an dem Leben der Menschen, mit denen man umgeht, hier also: am Leben der Zöglinge, unmittelbar und unbefangen teilnimmt und die Verant-

wortung, die sich daraus ergibt, auf sich nimmt. Pädagogisch fruchtbar ist nicht die pädagogische Absicht, sondern die pädagogische Begegnung. Eine an den Widersprüchen in der Welt, in der menschlichen Gesellschaft, in ihrem eignen leiblichen Dasein leidende Seele tritt mir mit einer Frage entgegen; indem ich ihr nach meinem Wissen und Gewissen zu antworten versuche, helfe ich ihr zum Charakter zu werden, der die Widersprüche handelnd überwindet.
Steht der Lehrer so zu seinem Schüler, an seinem Leben teilnehmend und verantwortungsbewußt, dann kann alles, was sich zwischen ihnen ereignet, einen Weg zur Charaktererziehung erschließen, ohne Absichtlichkeit und ohne Politik: Unterricht und Sport, ein Gespräch über Streitigkeiten in der Klasse und ein Gespräch über die Probleme eines Weltkriegs Nur darf der Lehrer die der Erziehung gezogenen Grenzen nicht vergessen. Er darf auch da, wo Vertrauen herrscht, nicht erwarten, daß damit schlechthin Übereinstimmung herrsche. Vertrauen bedeutet Durchbruch aus der Verschlossenheit, Sprengung der Klammer, die um ein unruhiges Herz gelegt ist, aber es bedeutet keine unbedingte Zustimmung. Der Lehrer darf nie vergessen, daß auch Konflikte erziehen, wenn sie nur in reiner Luft ausgetragen werden. Ein Konflikt mit dem Zögling ist die höchste Probe des Erziehers. Er muß die Schwertspitze seiner Erkenntnis nicht abstumpfen, und doch muß er auch schon einen Wundbalsam für das Herz bereithalten, das von ihr getroffen wird. Er darf nicht einen Augenblick lang einen dialektischen Scheinkampf statt des wirklichen Kampfes um die Wahrheit führen, aber wenn er siegt, hat er dem Besiegten zu helfen, die Niederlage zu ertragen, und wenn er über die eigenwillige Seele nicht siegt, die ihm gegenüber steht (man siegt nicht so leicht über Seelen!), hat er das Wort der Liebe zu finden, das allein über eine so schwierige Situation wie diese hinwegführen kann. (Über Charaktererziehung, W1, S. 819ff.)

Echte Bindung

Nach einem Abstieg, zu dem ich ohne Rast das Spätlicht eines vergehenden Tages hatte nutzen müssen, stand ich am Rande einer Wiese, nun des sicheren Weges gewiß, und ließ die Dämmerung auf mich niederkommen. Unbedürftig einer Stütze und doch willens, meinem Verweilen eine Bindung gewähren, drückte ich die Spitze meines Stocks gegen einen Eschenstamm. Da

fühlte ich zwiefach meine Berührung des Wesens: hier, wo ich den Stock hielt, und dort, wo der Stab die Rinde traf. Scheinbar nur bei mir, fand ich dennoch dort, wo ich den Baum fand, mich selber.
Damals erschien mir das Gespräch. Denn wie jener Stab ist die Rede des Menschen, wo immer sie echte Rede, und das heißt: wahrhaftig zugewandte Anrede ist. Hier, wo ich bin, wo Ganglien und Sprachwerkzeuge mir helfen, das Wort zu formen und zu entsenden, hier ›meine‹ ich ihn, an den ich es entsende, ich intendiere ihn, diesen einen unverwechselbaren Menschen. Aber auch dorthin, wo er ist, ward etwas von mir delegiert, etwas, das gar nicht substanzartig ist, wie jenes Beimirsein, sondern reine Vibration und ungreifbar. Das weilt dort, bei ihm, dem von mir gemeinten Menschen, und nimmt Teil am Empfangen meines Wortes. Ich umfasse ihn, an den ich mich wende. (Daniel. Gespräche von der Verwirklichung, W1, S. 11)

Freimachung von Kräften kann nur eine Voraussetzung der Erziehung sein, nicht mehr. Wir dürfen es allgemeiner fassen: es kommt der Freiheit zu, den Boden herzugeben, auf dem sich das wahre Leben errichtet, aber nicht auch das Fundament. Das gilt, wie für die innere, die ›sittliche‹ Freiheit, so für die äußere, für die des Nichtbehindertseins, Nichteingeschränktseins. Wie die obere, die Entscheidungsfreihet der Menschenseele, vielleicht unsre höchsten Momente, aber nicht ein Quentchen unsrer Substanz bedeutet, so die untere, die Freiheit der Entfaltung, unser Werdenkönnen, aber gar nicht unser Werden. Sie ist sinnvoll als die Tatsache, von der das Erziehungswerk auszugehen hat, sie wird absurd als seine grundsätzliche Aufgabe.
Man ist geneigt, diese Freiheit, die man die evolutive nennen mag, als den Gegenpol von Zwang, von Unter-dem-Zwang-sein zu verstehen. Aber der Gegenpol von Zwang ist nicht Freiheit, sondern Verbundenheit. Zwang ist eine negative Wirklichkeit, und Verbundenheit ist die positive; Freiheit ist eine Möglichkeit, die wiedergewonnene Möglichkeit. Vom Schicksal, von der Natur, von den Menschen gezwungen werden: der Gegenpol ist nicht, vom Schicksal, von der Natur, von den Menschen frei, sondern mit ihm, mit ihr, mit ihnen verbunden und verbündet sein; um dies zu werden, muß man freilich erst unabhängig geworden sein, aber die Unabhängigkeit ist ein Steg und kein Wohnraum. Freiheit ist das vibrierende Zünglein, der fruchtbare Nullpunkt. Zwang in der Erziehung, das ist das Nichtverbundensein, das ist Geducktheit und Aufgelehntheit; Verbundenheit in der Erziehung, nun, das ist

eben die Verbundenheit, das ist Aufgeschlossen- und Einbezogensein; Freiheit in der Erziehung, das ist Verbundenwerdenkönnen. Sie ist nicht zu entbehren und in sich nicht zu verwenden; ohne sie gerät es nicht, aber auch durch sie nicht sie ist der Anlauf zum Sprung, das Stimmen der Geige. Sie ist die Konfirmation jener urgewaltigen Potentia, die zu aktualisieren sie nicht einmal anheben kann.

Freiheit oder, wie ihr rechtmäßiger altdeutscher Name ist: Freihals – ich liebe ihr aufblitzendes Gesicht: es blitzt aus dem Dunkel auf und verlischt, aber es hat dein Herz gefeit. Ich bin ihr zugetan, ich bin allzeit bereit, um sie mitzukämpfen. Um die Erscheinung des Blitzes, nicht länger während, als das Auge ihr standzuhalten vermag. Und das Vibrieren des Züngleins, das zu lang niedergezogen und starr war. Ich gebe meine linke Hand dem Aufrührer und meine rechte dem Ketzer: voran! Aber ich vertraue ihnen nicht. Sie verstehen zu sterben, aber das ist nicht genug. Ich liebe die Freiheit, aber ich glaube nicht an sie. Wie könnte man an sie glauben, wenn man ihr ins Gesicht gesehen hat! Es ist der Blitz der Alldeutigkeit – der Allmöglichkeit. Um die kämpfen wir, immer wieder, von jeher, siegreich und vergebens.

Ws ist wohl zu verstehen, daß in einer Zeit, in der alles überlieferten Bindungen, entartend, ihre Legitimität in Frage gestellt haben, die Freiheitstendenz sich übersteigert, das Sprungbrett als Ziel und ein funktionelles Gut als substantielles behandelt wird. Auch ist es eine lasse Gefühlsamkeit, weitläufig zu beklagen, daß mit der Freiheit experimentiert wird; vielleicht gehört es zu dieser Stunde ohne Kompaß, daß viele Leute ihr Leben als Lot auswerfen, um zu ermitteln, welchen Grad wir befahren und wohin wir zu steuern haben. Aber eben *ihr* Leben! Solch ein Experiment, getan, ist ein halsbrecherisches Wagnis und unanfechtbar; beredet, in geistreichen Erörterungen, Bekenntnissen und wechselseitigen Problematisierungen beredet und zerredet, ist es ein Greuel der Auflösung. Die sich einsetzen, einzeln oder als Gemeinschaft, laßt sie springen, laßt sie vorstoßen, in die schwingende Leere, wo einem Sinne und Sinn vergehen, oder über sie hinaus zu einem Bestand; aber zu Theorem und Programm dürfen sie die Freiheit nicht machen. Von einer Bindung frei werden ist ein Schicksal; das trägt man wie ein Kreuz, nicht wie eine Kokarde. Vergegenwärtigen wir uns, was es in einer Wahrheit bedeutet, von einer Bindung frei werden: es bedeutet, daß an die Stelle einer mit vielen Geschlechtern geteilten Verantwortung die ganz persönliche tritt. Leben aus der Freiheit ist personhafte Verantwortung oder es ist eine pathetische Posse.

Ich habe die Macht genannt, die allein der leeren Freiheit den Gehalt, der schwingenden oder kreisenden die Richtung verleihen kann. An sie glaube, den Ihren vertraue ich.

Dieses brüchige Leben zwischen Geburt und Tod kann doch eine Erfüllung sein: wenn es eine Zwiesprache ist. Erlebend sind wir Angeredete; denkend, sagend, handelnd, hervorbringend, einwirkend vermögen wir Antwortende zu werden. Zumeist überhören wir ja die Anrede oder schwatzen in sie hinein. Wenn aber das Wort zu uns kommt und die Antwort aus uns kehrt, gibt es wie auch noch gebrochen, das menschliche Leben auf der Welt. Die Entzündung der Antwort in jenem ›Fünklein‹ der Seele, das jeweilige Entbrennen der Antwort auf die unversehens andringende Rede nennen wir die Verantwortung. Für welchen Bereich des uns zugeteilten, anvertrauten Lebens wir zu antworten vermögen, das heißt, zu welchem wir eine Beziehung haben und betätigen, die als – in all unserer Unzulänglichkeit – rechtschaffne Antwort gelten darf, für diesen üben wir Verantwortung. Wie sehr einem dabei, von der Wirklichkeit des Fünkleins aus, möglich ist, einer überlieferten Bindung, einem Gesetz, einer Weisung zu folgen, so sehr ist ihm erlaubt, seine Verantwortung anzulehnen (mehr als Anlehnung ist uns überhaupt nicht gewährt, abgenommen wird sie uns nicht) im Maß unseres ›Freiwerdens‹ wird uns die Anlehnung verwehrt, muß unsere Verantwortung personhaft einsam werden.

Von hier aus ist das Erzieherische und ist seine Wandlung im Zerfall der Bindungen zu verstehen. (Über das Erzieherische, W1, S. 792-797)

Von der Täuschung zur Wahrhaftigkeit

Ein drittes Bild des geistig-seelisch Bösen verkörpert der Täuschungs-Mensch. Er macht sich vor, mit falschen Entscheidungen spielen zu können. Das damit verbundene Lebens-Theater zeigt sich in seinem Beziehungsverhalten mit seinen Mitmenschen. Ein Täuschungs-Mensch glaubt, dass Entscheidungslosigkeit keine Wirkung hat. Tatsächlich verhindert diese Haltung jedoch das Wachstum von Zwischenmenschlichkeit.

Gleichzeitig führt seine Persönlichkeitsstruktur zu der Annahme, mit der Welt eins zu sein. Immerhin ahnt ein Täuschungs-Mensch diese Illusion. Nichtsdestotrotz meint er, die Welt in sich zu haben. Er hat alles in sich, d. h. er hat das Recht, alles zu tun.

Misserfolg macht ihn hilflos, weil die Welt sein Innenleben bestimmt, und über die hat letztlich kein Mensch Macht. Die Welt ist schließlich so, wie sie ist. Sie kann wohl immer wieder »gemeistert« werden, doch erst das authentische In-Beziehung-Treten mit dem Gegenüber hilft dem Täuschungs-Menschen, eine Harmonie mit der Welt zu entwickeln und nicht gegen sie zu kämpfen, wenn die Welt nicht so ist, wie er selbst.

Der Täuschungs-Mensch erarbeitet sich den Weg zur Wahrhaftigkeit, indem er auch unangenehme Gefühle zulässt. Ehrlichen Beziehungen mit allem Ja und Aber zu vertrauen, bewirkt, sich selbst und anderen Mitmenschen gegenüber das Vorspielen eines falschen Ichs aufzugeben.

Nach den sechs Schritten der chassidischen Lehre gilt es für Täuschungs-Menschen, sich auf die eigene Willkür und das Scheinen-Wollen zu besinnen. Selbst-Stärke entwickelt dieser Mensch durch zwischenmenschliche Bestätigung. Wenn er zwischen echten und falschen Autoritäten unterscheidet, ändert sich sein Interesse für die wahrhaftige Gegenwart, die echte Verantwortung von ihm verlangt.

The show must go on?

– Wie Freiheit und Schicksal zusammengehören, so gehören Willkür und Verhängnis zusammen. Aber Freiheit und Schicksal sind einander angelobt und umfangen einander zum Sinn; Willkür und Verhängnis, der Seelenspuk und der Weltmahr, vertragen sich, nebeneinander hausend und einander ausweichend, verbindungslos und reibungslos, im Sinnlosen – bis in einem

Nu Blick irr an Blick prallt und das Geständnis der Unerlöstheit aus ihnen bricht. Wieviel beredte und kunstreiche Geistigkeit wird heute auf gewandt, um diese Begebenheit zu verhüten oder doch zu verhüllen!

Der freie Mensch ist der ohne Willkür wollende. Er glaubt an die Wirklichkeit; das heißt: er glaubt an die reale Verbundenheit der realen Zweiheit Ich und Du. Er glaubt an die Bestimmung und daran, daß sie seiner bedarf: sie gängelt ihn nicht, sie erwartet ihn, er muß auf sie zugehen, und weiß doch nicht, wo sie steht; er muß mit dem ganzen Wesen ausgehen, das weiß er. Es wird nicht so kommen, wie sein Entschluß es meint; aber was kommen will, wird nur kommen, wenn er sich zu dem entschließt, was er wollen kann. Er muß seinen kleinen Willen, den unfreien, von Dingen und Trieben regierten, seinem großen opfern, der vom Bestimmtsein weg und auf die Bestimmung zu geht. Da greift er nicht mehr ein, und er läßt doch auch nicht bloß geschehen. Er lauscht dem aus sich Werdenden, dem Weg des Wesens in der Welt; nicht um von ihm getragen zu werden: um es selber so zu verwirklichen, wie es von ihm, dessen es bedarf, verwirklicht werden will, mit Menschengeist und Menschentat, mit Menschenleben und Menschentod. Er glaubt, sagte ich; damit ist aber gesagt: er begegnet.

Der willkürliche Mensch glaubt nicht und begegnet nicht. Er kennt die Verbundenheit nicht, er kennt nur die fiebrige Welt da draußen und seine fiebrige Lust, sie zu gebrauchen; man muß dem Gebrauchen nur einen antiken Namen geben, und es wandelt unter den Göttern. Wenn er Du sagt, meint er: ›Du mein Gebrauchenkönnen‹; und was er seine Bestimmung nennt, ist nur Ausstattung und Sanktion seines Gebrauchenkönnens. In Wahrheit hat er keine Bestimmung, nur ein Bestimmtsein von Dingen und Trieben, das er mit dem Gefühl der Selbstherrlichkeit, das heißt eben in Willkür vollzieht. Er hat keinen großen Willen; nur die Willkür, die er dafür ausgibt. Ganz unfähig ist er zum Opfer, ob ers auch etwa im Mund führen mag; du erkennst ihn daran, daß er nie konkret wird. Er greift fortwährend ein, und zwar zu dem Zweck, ›es geschehen zu lassen‹. Wie sollte man denn, sagt er dir, nicht der Bestimmung nachhelfen, nicht die erreichbaren Mittel verwenden, die solch ein Zweck erfordert? So sieht er auch den Freien; er kann ihn nicht anders sehen. Aber der Freie hat nicht hier einen Zweck und da holt er die Mittel dazu herbei; er hat nur das eine: immer wieder nur seinen Entschluß, auf seine Bestimmung zuzugehen. Er hat ihn gefaßt, er wird ihn zuweilen, an je-

der Wegscheide erneuern; aber eher könnte er glauben, er lebe nicht, als dies, der Entschluß des großen Willens reiche nicht zu und müsse durch Mittel unterstützt werden. Er glaubt; er begegnet. Aber das ungläubige Mark des willkürlichen Menschen kann nichts anderes wahrnehmen als Unglauben und Willkür, Zwecksetzen und Mittelersinnen. Ohne Opfer und ohne Gnade, ohne Begegnung und ohne Gegenwart, eine verzweckte und vermittelte Welt ist seine Welt; keine andre kann es sein; und diese heißt Verhängnis. So ist er in all seiner Selbstherrlichkeit schier unauswirrbar ins Unwirkliche verstrickt; und er weiß es, sooft er sich auf sich besinnt, – darum richtet er den besten Teil seiner Geistigkeit darauf, die Besinnung zu verhüten oder doch zu verhüllen.
Sie aber, die Besinnung auf das Abgefallensein, auf das entwirklichte und auf das wirkliche Ich, in den Wurzelgrund sich versenken lassen, den der Mensch Verzweiflung nennt und aus dem die Selbstvernichtung und die Wiedergeburt wachsen, wäre der Anfang der Umkehr. (Ich und Du, W1, S. 117ff.)

Wo ist mein Weg?

Die eigentliche Problematik im Bereich des Zwischenmenschlichen ist die Zwiefalt von Sein und Scheinen.
Daß Menschen sich oft angelegentlich darum kümmern, welchen Eindruck sie auf andere machen, ist zwar eine allgemein bekannte Tatsache; sie ist aber bisher weit mehr moralphilosophisch als anthropologisch erörtert worden. Und doch bietet sich hier der anthropologischen Betrachtung einer ihrer wichtigsten Gegenstände.
Wir dürfen zwischen zwei Arten menschlichen Daseins unterscheiden. Die eine mag als Leben vom Wesen aus, Leben bestimmt von dem was einer ist, die andre als Leben vom Bilde aus, Leben bestimmt von dem wie einer erscheinen will, bezeichnet werden. Im allgemeinen treten sie miteinander vermischt auf; es wird wohl wenige Menschen gegeben haben, die völlig unabhängig von dem Eindruck waren, den sie auf andere machten, aber ein ausschließlich davon Geleiteter dürfte kaum zu finden sein, Wir müssen uns damit begnügen, Menschen, bei denen in ihrem wesentlichen Verhalten das eine, und solche, bei denen das andre vorherrscht, zu unterscheiden.
Am stärksten macht sich dieser Unterschied naturgemäß im Bereich des Zwischenmenschlichen, also im Umgang von Menschen geltend.

Man nehme als einfachstes und doch schon recht deutliches Beispiel eine Situation, in der zwei Personen einander ansehen, von denen die eine dem ersten, die andre dem zweiten Grundtypus angehört. Der Wesensmensch sieht den andern so an, wie man eben jemand ansieht, mit dem man sich persönlich abgibt; es ist ein ›spontaner‹, ein ›unbefangener‹ Blick, er ist zwar selbstverständlich nicht unbeeinflußt von der Absicht, sich dem andern verständlich zu machen, aber er ist unbeeinflußt von einem Gedanken darüber, welche Vorstellung von der Beschaffenheit des Blickenden er in dem Angeblickten erwecken kann oder soll. Anders der Widerpart: da es ihm um das Bild zu tun ist, das seine Erscheinung, also ganz besonders der ›sprechendste‹ Bestandteil seiner Erscheinung, sein Blick, im andern erzeugt, ›macht‹ er diesen Blick; er stellt mit Hilfe der dem Menschen mehr oder minder eignenden Fähigkeit, ein bestimmtes Element des Seins im Blick erscheinen zu lassen, einen Blick her, der als spontane Äußerung wirken soll und oft genug auch wirkt, ja nicht allein als Äußerung eines angeblich in diesem Moment sich psychisch Ereignenden, sondern auch gleichsam als Spiegelung eines so und so beschaffenen persönlichen Seins.

Man muß dies freilich gegen einen anderen Bezirk des Scheinens sorgsam abgrenzen, dessen ontologische Rechtmäßigkeit nicht angezweifelt werden kann, weil es hier sozusagen mit rechten Dingen zugeht. Ich meine das Reich des ›echten Scheins‹, in dem etwa ein Jüngling sein heldisches Vorbild nachahmt und mitten ins seinem Gebaren das heroisch Faktische ihn ergreift, oder die Darstellung eines Schicksals, die das authentische Schicksal herbei beschwört. ›So laßt mich scheinen, bis ich werde‹ – damit ist genau an dieses Geheimnis gerührt. Hier ist eben nirgends etwas Vorgebliches, die Nachahmung ist echte Nachahmung und die Darstellung echte Darstellung, auch die Maske ist eine Maske und keine Vortäuschung. Wo aber der Schein der Lüge entspringt und von ihr durchsetzt ist, wird das Zwischenmenschliche in seiner Existenz bedroht. Das ist auch nicht, wie wenn einer eine Lüge sagt, etwa einen Sachverhalt verfälschend berichtet: die Lüge, die ich meine, vollzieht sich nicht an einem Tatbestand, sondern an der Existenz selber, und sie greift die zwischenmenschliche Existenz selber an. Zuweilen kann einer, um einer schalen Eitelkeit zu genügen, die große Chance des wahren Geschehens zwischen Ich und Du verscherzen.

Stellen wir uns nun zwei Bildmenschen vor, die beieinander sitzen und miteinander reden – nennen wir sie Peter und Paul – und zählen wir die Figurationen nach, die dabei im Spiel sind. Da sind erst mal der Peter, wie er dem Paul erscheinen will, und der Paul, wie er dem Peter erscheinen will; sodann Peter, wie er dem Paul wirklich erscheint, Pauls Bild von Peter also, das gemeiniglich keineswegs mit dem von Peter gewünschten übereinstimmen wird, und vice versa; dazu noch Peter, wie er sich selbst, und Paul, wie er sich selbst erscheint; zu guter Letzt der leibliche Peter und der leibliche Paul. Zwei lebende Wesen und sechs gespenstische Scheingestalten, die sich in das Gespräch der beiden mannigfaltig mischen! Wo bliebe da noch Raum für die Echtheit des Zwischenmenschlichen!

Was immer in anderen Bereichen der Sinn des Wortes ›Wahrheit‹ sein mag, im Bereich des Zwischenmenschlichen bedeutet es, daß Menschen sich einander mitteilen als das was sie sind. Es kommt nicht darauf an, daß einer dem andern alles sage, was ihm einfällt, sondern darauf allein, daß er zwischen sich und den andern keinen Schein sich einschleichen lasse. Es kommt nicht darauf an, daß einer sich vor einem andern ›gehen lasse‹, sondern daß er dem Menschen, dem er sich mitteilt, an seinem Sein teilzunehmen gewähre. Auf die Authentizität des Zwischenmenschlichen kommt es an; wo es sie nicht gibt, kann auch das Menschliche nicht authentisch sein.

Deswegen müssen wir, die wir die Krisis des Menschen als die Krisis des Zwischen zu erkennen beginnen, den Begriff der Aufrichtigkeit von dem dünnen Moralpredigtton, der sich ihm angeheftet hat, befreien und ihn wieder an den Begriff der Aufrechtheit anklingen lassen. Wenn eine Voraussetzung des Menschseins in der Urzeit durch das Aufrechtgehen gegeben worden ist, erfüllt kann es erst durch die aufrecht gehende Seele, durch die hohe Aufrichtigkeit werden, die kein Schein mehr anficht, weil sie die Scheinhaftigkeit besiegt hat.

Wie aber – so mag gefragt werden –, wenn einer seiner Art nach sein Leben den Bildern hörig macht, die er in anderen hervorbringt? Kann er denn noch zum Wesensmenschen werden – kann er aus seiner Art fahren?

Die so verbreitete Neigung, von der Jeweiligkeit des gemachten Eindrucks statt von der Stetigkeit des Wesens aus zu leben, ist keine ›Art‹. Sie hat ja ihren Ursprung in der Rückseite des Zwischenmenschlichen selber: in der Abhängigkeit der Menschen voneinander. Es ist kein Leichtes, von den ande-

ren in seinem Wesen bestätigt zu werden; da bietet sich der Schein zur Aushilfe an. Ihm willfahren ist die eigentliche Feigheit des Menschen, ihm widerstehen dessen eigentlicher Mut. Das aber ist nicht ein unerbitterliches Sosein, nicht ein Sobleibenmüssen. Man kann darum ringen, zu sich zu kommen, daß heißt, zum Vertrauen auf das Wesen. Man ringt mit wechselndem Erfolg, aber nie umsonst, auch wenn man zu erliegen meint. Man muß das Leben aus dem Wesen zuweilen teuer bezahlen; zu teuer ist es nie bezahlt. Aber gibt es denn nicht das schlechte Wesen, wuchert es nicht überall? Ich habe keinen jungen Menschen gekannt, der mir hoffnungslos schlecht erschienen wäre. Später wird es freilich immer schwerer, die immer zäher werdende Schicht, die sich auf das Wesen gewälzt hat, zu durchstoßen. So entsteht die falsche Perspektive der unabdingbaren ›Art‹. Sie ist falsch; der Vordergrund trügt; der Mensch ist, als Mensch, erlösbar.
Wieder sehen wir die Zwei vor uns, die vom Spuk der Scheingestalten umringt sind. Spuk kann gebannt werden. Stellen wir uns einen Peter und einen Paul vor, die es anzuwidern beginnt, die es immer heftiger anwidert, durch Gespenster vertreten zu werden. In jedem von beiden erwacht, erstarkt der Wille, als dieser Seiende und nicht anders bestätigt zu werden. Wir sehen die Kräfte des Wirklichen an ihrem bannenden Werk, bis der Schein hier und hier zerrinnt und die Abgründe des Personseins einander anrufen. (Elemente des Zwischenmenschlichen, W1, S. 273-276)

Um der existentiellen Tiefe des hier berichteten Übergangs eines Urwesens von der Wahrheit zur Lüge zulänglich inne zu werden, müssen wir sie innerhalb des Weltkampfes zwischen den beiden Prinzipien betrachten. Denn Wahrheit und Lüge sind die beiden Grundhaltungen oder vielmehr Grundbeschaffenheiten, in deren Gegeneinander das Gegeneinander der Prinzipien, Gut und Böse, sich darstellt. Nur muß man darauf achten, daß mit Wahrheit hier etwas anderes als bewußte Übereinstimmung, mit Lüge etwas anderes als bewußte Nichtübereinstimmung zwischen einem Geäußerten und einem Wirklichen gemeint ist. Mit ebendem Begriff der Lüge wird in den Veden zuweilen das unheimliche Versteckspiel im Dunkel der Seele bezeichnet, darin sie, die einzelne Menschenseele, sich selber ausweicht, sich selbst umgeht, sich vor sich selber verstellt. Diese Lüge am eigenen Sein bricht nun in der Beziehung zur anderen Seele, in der zur Weltwirklichkeit, in der zum Göttlichen aus. Im Awesta ist sie zunächst der Treubruch (dem Vertragsgott Mit-

hra lügen heißt den Vertrag verletzen), sodann die Verfälschung einer Situation durch die Haltung, ja die Beschaffenheit der in sie gestellten Person. Die Haltung weist auf die Beschaffenheit zurück, diese aber ist keineswegs eine letzte, nicht weiter zurückführbare Tatsache, sondern entstammt der je und je, zeitlich und zeitlos, im Wegbeginn und in den entscheidenden Stunden, durch die personhafte Wesenheit vollzogenen und zu vollziehenden Wahl zwischen Wahrheit und Lüge, existentiell ausgedrückt: zwischen Wahrsein und Falschsein. Wahrsein aber bedeutet letztlich: das Sein im Punkte des eigenen Daseins stärken, ja decken und bestätigen, und Falschsein bedeutet letztlich: das Sein im Punkte des eigenen Daseins schwächen, ja schänden und entrechten. Wer die Lüge der Wahrheit vorzieht, sie statt der Wahrheit wählt, greift unmittelbar mit seiner Entscheidung in die Entscheidungen des Weltkampfes ein. Das wirkt sich aber zu allererst an eben seinem Punkte des Seins aus: da er sich der Seinslüge, also dem Nichtsein ergab, das sich für das Sein ausgibt, verfällt er ihm. So verfällt Yima, der Herr der Dämonen, ihrer Macht, der er von dem Wahrsein zum Falschsein übergeht; er wird erst ihr Gefährte, dann ihr Opfer. Er bewirkt wirklich einen Sturz des Seins: an eben diesem Punkte, der Yima heißt.
Nach Augustin, dem ein später Anhauch des zarathustrischen Glutwinds das Herz versengt hat, geht es bei Wahrheit und Lüge nicht um Wahrheit und Falschheit der Dinge selber, sondern um einen Spruch der Seele. Die Seele spricht sich selber der Wahrheit oder der Lüge zu. Die menschliche Wahrheit ist eine Bewährung durch Wahrsein. (Bilder von Gut und Böse, W1, S. 633f.)

Das Herz entdecken

Ich erinnere mich, vor mehr als 40 Jahren in einem Buche von Chesterton (nicht wörtlich, aber ungefähr) gelesen zu habe, die Lösung der sozialen Frage sei darin zu finden, daß jeder sein eigenes Haus habe. Dieser Tage las ich in der Zeitung, der Ministerpräsident von Burma habe seinem Volke einen ›Wohlfahrtsstaat‹ versprochen, in dem jeder Bürger sein eigenes Haus haben sollte. Dergleichen klingt unseren Ohren wie eine romantische Utopie, also wie eine Utopie, der die schätzbarste Eigenschaft einer Utopie fehlt: unromantisch zu sein. Aber es ist nicht so romantisch und auch nicht so utopisch, wie es klingt; denn es hängt mit einer jener Urforderungen des Menschenherzens zusammen, die irgend einmal, über Nacht, in die Praxis einbrechen und hier selbstverständlich werden. Der Mensch *muß* nicht nur wohnen, er *will* es auch. Und er will in einem Haus wohnen. ›Haus‹ aber bedeutet in der unvergänglichen Ursprache des Menschenherzens: mein Haus, dein Haus, eines Menschen eigenes Haus. Das Haus ist der feste Würfel, den der Mensch der Unheimlichkeit des Weltraums abgetrotzt hat; es ist seine Wehr gegen das Chaos, das zu ihm einzudringen droht. Darum geht sein tiefer Wunsch darauf, daß es sein eigenes Haus sei, das er mit keinem andern als mit den Seinen zu teilen brauche.

All dies jedoch ist nur noch Voraussetzung für das Eigentliche, wenn wir erst dahin gelangt sind, die essentielle menschliche Wirklichkeit nicht mehr als eine des individuellen Lebens (ebensowenig wie als eine des kollektiven) zu sehen, sondern als etwas, das sich zwischen Mensch und Mensch, zwischen Ich und Du vollzieht. Denn das Haus des Menschen, um das es ihm geht, steht dann nicht mehr irgendwo, gleichviel wo, meinetwegen in einer reizvollen Isolierung, wenn er nur von da mühelos zu seiner Arbeitsstätte kommen kann, wo er vielleicht soundso viele Stunden einen Raum mit ›fremden‹ Menschen teilen muß, um sie alsdann schnell und gründlich zu verlassen und ›nach Hause‹ zu fahren. Sondern das Haus des Menschen, um das es ihm geht, steht jetzt zwischen Häusern, zwischen Nachbarhäusern, zwischen den Häusern seiner Nachbarn. Das uneingestandene Geheimnis des Menschen ist, daß er in seinem Wesen und seiner Existenz von seinen Mitmenschen bestätigt werden will und daß er wünscht, sie möchten ihm ermöglichen, sie zu bestätigen, und zwar jenes und dieses nicht bloß in der Familie und dazu noch in der Parteiversammlung oder im Wirtshaus, sondern auch im Verlauf der nachbarlichen Begegnungen, etwa wenn er und der andere aus der Tür seines Hauses oder an das Fenster seines Hauses tritt und der Gruß, mit dem sie einander begrüßen, von einem wohlwollenden Blick begleitet wird, einem Blick, in dem die Neugier, das Mißtrauen und die Routine durch eine gegenseitige Teilnahme überwunden worden sind: der eine gibt dem andern zu verstehen, daß er sein Vorhandensein billigt. Dies ist das unentbehrliche Minimum der Humanität. Soll die Menschenwelt eine menschliche Welt sein, so muß Unmittelbarkeit zwischen den Menschen walten, und so auch zwischen Menschenhaus und Menschenhaus. (Gemeinschaft und Umwelt, Nachlese, S. 76f.)

Hoffnung finden

Echte Autorität gibt es in der Religion wie überhaupt in der Welt nur insofern, als Gottes Wille erkannt wird. Eine völlige und adäquate Erkenntnis des Willens Gottes gibt es aber in der Geschichte nicht. In dem Augenblick, wo sie in die Geschichte einträte, wäre die Geschichte zu Ende. Das tatsächliche Offenbarungsereignis in der Geschichte ebenso wie im Leben des einzelnen Menschen bedeutet nicht, daß sich ein göttlicher Inhalt in ein leeres menschliches Gefäß gieße oder daß eine göttliche Substanz sich in menschlicher Gestalt darstelle. Die tatsächliche Offenbarung bedeutet die Brechung des einigen göttlichen Lichtes in der menschlichen Vielfältigkeit, das heißt, die Brechung der Einheit im Widerspruch. Wir kennen keine andere Offenbarung als die der *Begegnung* von Göttlichem und Menschlichem, an der das Menschliche faktisch beteiligt ist. Das Göttliche ist ein Feuer, das das menschliche Erz umschmilzt, aber was sich ergibt, ist nicht von der Art des Feuers. Wir können daher nichts, was direkt oder indirekt (sei es durch schriftliche oder mündliche Tradition) aus der tatsächlichen Offenbarung hervorgeht, ob Wort oder Brauch oder Institution, so wie wir es besitzen, als von Gott gesprochen oder von Gott eingesetzt verstehen. Es ist uns aber auch nicht gegeben, innerhalb davon schlechthin und ein für allemal zwischen Göttlichem und Menschlichem zu scheiden. Mit anderen Worten: es gibt keine Sicherung gegen die Notwendigkeit, in Furcht und Zittern zu leben; es gibt nichts als die Gewißheit, daß wir an der Offenbarung teilhaben. Nichts kann uns der Aufgabe entheben, uns selber, so wie wir sind, als Ganzheit und Einheit, der ewigen Offenbarung aufzuschließen, die alles, alle Dinge und alle Vorgänge, in der Geschichte und in unserem Leben, zu ihrem Zeichen machen kann. Nur so gewinnen wir die Grundlage zu einem zugleich gläubigen und kritischen Verhalten. Wir gewinnen die Grundlage, auf eigene Verantwortung, also mit Furcht und Zittern, innerhalb jeder echten Autorität, d.h. einer, deren Ursprung aus wirklicher Begegnung von Göttlichem und Menschlichem uns glaubensmäßig gewiß ist, zwischen beiden für diese eine bestimmte Stunde zu scheiden, und zwar auch das nicht schlechthin, sondern nur im Bereich unserer eigenen Entscheidungen – also nur, indem wir in uns selber scheiden. Die Weltgeschichte ist Kampfplatz zwischen falscher und echter Autorität; jedem gläubigen Menschen liegt es ob, an diesem Kampf teilzunehmen und zum Sieg der echten Autorität beizutragen; die Siege, die hier erfochten werden, sind zumeist unterirdisch und werden erst später erkennbar. Die Weltgeschichte ist aber auch das Tauchbad, in dem jede echte Autorität sich immer wieder reinigen, sich von den Schlacken des Menschlichen, die als solche wahrnehmbar geworden sind, zu befreien suchen muß; jedem gläubigen Menschen liegt es ob, daran durch Selbstläuterung teilzunehmen. Auch hier tun sich die Ergebnisse oft erst in künftigen Epochen kund. (Religion und Gottesherrschaft, Nachlese, 100f.)

Gegenwart annehmen

Die Beziehung zum Du ist unmittelbar. Zwischen Ich und Du steht keine Begrifflichkeit, kein Vorwissen und keine Phantasie; und das Gedächtnis selber verwandelt sich, da es aus der Einzelung in die Ganzheit stürzt. Zwischen Ich und Du steht kein Zweck, keine Gier und keine Vorwegnahme; und die Sehnsucht selber verwandelt sich, da sie aus dem Traum in die Erscheinung stürzt. Alles Mittel ist Hindernis. Nur wo alles Mittel zerfallen ist, geschieht Begegnung.

*

Vor der Unmittelbarkeit der Beziehung wird alles Mittelbare unerheblich. Es ist auch unerheblich, ob mein Du das Es anderer Ich (›Objekt allgemeiner Erfahrung‹) schon ist oder erst – eben durch die Auswirkung meines Wesenstat – werden kann. Denn die eigentliche Grenze, freilich eine schwebende, schwingende, führt weder zwischen Erfahrung und Nichterfahrung, noch zwischen Gegebenem und Ungegebenem, noch zwischen Seinswelt und Wertwelt hin, sondern quer durch alle Bezirke zwischen Du und Es: zwischen Gegenwart und Gegenstand.

*

Gegenwart, nicht die punkthafte, die nur den jeweilig im Gedanken gesetzten Schluß der ›abgelaufenen‹ Zeit, den Schein des festgehaltenen Ablaufs bezeichnet, sondern die wirkliche und erfüllte, gibt es nur insofern, als es Gegenwärtigkeit, Begegnung, Beziehung gibt. Nur dadurch, daß das Du gegenwärtig wird, entsteht Gegenwart.

Das Ich des Grundworts Ich-Es, das Ich also, dem nicht ein Du gegenüber leibt, sondern das von einer Vielheit von ›Inhalten‹ umstanden ist, hat nur Vergangenheit, keine Gegenwart. Mit anderm Wort: insofern der Mensch sich an den Dingen genügen läßt, die er erfährt und gebraucht, lebt er in der

Vergangenheit, und sein Augenblick ist ohne Präsenz. Er hat nichts als Gegenstände; Gegenstände bestehen im Gewesensein.
Gegenwart ist nicht das Flüchtige und Vorübergleitende, sondern das Gegenwartende und Gegenwährende. Gegenstand ist nicht die Dauer, sondern der Stillstand, das Innehalten, das Abbrechen, das Sichversteifen, die Abgehobenheit, die Beziehungslosigkeit, die Präsenzlosigkeit.
Wesenheiten werden in der Gegenwart gelebt, Gegenständlichkeiten in der Vergangenheit.

*

Diese grundhafte Zwiefältigkeit wird auch nicht durch die Anrufung einer ›Ideenwelt‹ als eines Dritten und Übergegensätzlichen überwunden. Denn ich rede von nichts anderem als von dem wirklichen Menschen, dir und mir, von unserem Leben und unserer Welt, nicht von einem Ich an sich und nicht von einem Sein an sich. Für den wirklichen Menschen aber geht die eigentliche Grenze auch quer durch die Welt der Ideen.
Freilich, mancher, der sich in der Welt der Dinge damit begnügt, sie zu erfahren und zu gebrauchen, hat sich einen Ideen-Anbau oder -Überbau aufgerichtet, darin er vor der Anwandlung der Nichtigkeit Zuflucht und Beruhigung findet. Er legt das Kleid des üblen Alltags an der Schwelle ab, hüllt sich in reines Linnen und erlabt sich am Anblick des Urseienden oder Seinsollenden, an dem sein Leben keinen Anteil hat. Auch mag ihm wohltun, es zu verkünden.
Aber die Es-Menschheit, die einer imaginiert, postuliert und propagiert, hat mit einer leibhaften Menschheit, zu der ein Mensch wahrhaft Du spricht, nichts gemein. Die edelste Fiktion ist ein Fetisch, die erhabenste Fiktivgesinnung ist ein Laster. Die Ideen thronen ebensowenig über unsern Köpfen, wie sie in ihnen hausen; sie wandeln unter uns und treten uns an; beklagenswert, wer das Grundwort ungesprochen läßt, aber erbärmlich, wer sie statt dessen mit einem Begriff oder einer Parole anredet, als wäre es ihr Name!
(Ich und Du, W1, S. 85ff.)

Die Wirklichkeit heiligen

Jeder Weltanschauung heftet sich, sowie sie aus dem Bereich des Denkens und Planens in den Bereich des Menschenlebens tritt, eine eigentümliche Problematik an, die eine ganz neue, vorher nicht gestellte und nicht stellbare

Wahrheitsfrage einschließt. Es ist die Problematik dessen, was ich als die dialektische Innenlinie bezeichnen möchte.

Solange die Weltanschauung in den Höhen des reinen Gedankens und des unbedingten Willens schwebt, nimmt sie sich glatt und fugenlos aus; sowie sie die Erde unseres Lebens betritt, erhält sie einen Riß – einen wenig beachteten aber äußerst wichtigen Riß mittendurch.

Wir befinden uns nun im Raum des konkreten, persönlichen Lebens; jede Gruppe hat ja (was sie gern vergißt) ihre Konkretheit, die konkrete Probe, die über die Zukunft entscheidet, im Leben der Personen, die ihr angehören.

Hier, in diesem Raum, scheidet und entscheidet es sich innerhalb der Weltanschauung.

Von einer doppelten Frage aus vollzieht sich die Scheidung: Worauf steht deine Weltanschauung? Und: Was fängst du mit deiner Weltanschauung an? Worauf sie stehe – das heißt: auf welcher Weise und welcher Dichtigkeit der persönlichen Erfahrung, des lebensmäßigen Wissens um die Dinge und um die eigne Person. Einer Weltanschauungsgruppe angeschlossen sein kann eine echte Wahl bedeuten oder einen täppischen Zugriff wie im Blindekuhspiel.

Je nach dem Grund, worauf eine Weltanschauung ruht, je nachdem, was für Wurzeln sie hat, Luftwurzeln oder Erdwurzeln, entscheidet es sich, was ihr an nährender Wirklichkeit zufließt, entscheidet sich ihr Wirklichkeitsgehalt – und von dem aus die Zuverlässigkeit ihres Wirkens.

Und zum zweiten: was man damit anfange – das heißt: ob einer seine Weltanschauung nur verficht und ›durchsetzt‹ oder sie auch lebt und bewährt, so gut er eben je und je kann (so gut er kann; es gibt ein sich großartig ausnehmendes Entweder-Oder, das im Kern nichts anderes ist als Flucht, Ausflucht). Die Wahrheit einer Weltanschauung wird nicht in den Wolken erwiesen, sondern im gelebten Leben: wahr ist, was bewährt wird.

Im einheitlichen Marschtakt einer Gruppe verliert sich heute die Unterscheidung, wessen Schritt den Gang seiner richtungserfüllten Existenz selber und wessen Schritt nur eine beredte Gebärde bedeutet. Und doch ist diese Unterscheidung, die quer durch jede Gruppe führt, gewichtiger noch als die zwischen Schar und Schar. Denn nur die mit ihrer Lebenssubstanz Verwirklichenden werden neue lebensfähige Wirklichkeit stiften. Mag von der Stoßkraft des Trupps der Erfolg abhängen, von der Echtheit der Einzelnen hängt ab, als was sich in der Tiefe der Zukunft dieser Erfolg kundtun wird: als echter Sieg oder als dessen Vortäuschung. Die Bildungsarbeit hat auf die Angehörigen der Weltanschauungen einen doppelten Einfluß: einen fundierenden und einen postulativen. Sie hilft zum ersten jedem seine Weltanschauung im Erdreich seiner Welt verwurzeln, indem sie ihm diese weit und dicht erfahrbar macht, ihm den Zugang zu ihr eröffnet, ihn ihren wirkenden Kräften aussetzt. Und sie erzieht zum zweiten in jedem sein Weltanschauungswissen, das ihn immer neu auf die Bewährung hin prüft und das den Unverbindlichkeiten der Durchsetzung die Verbindlichkeit der tausend kleinen Verwirklichungen entgegenstellt.

Gewiß ist es wichtig, was einer bekennt; aber noch wichtiger ist es, *wie* er es bekennt. Dieses Wie ist kein ästhetisches und nicht einmal ein ethisches; es geht um Realität im genausten Sinn, um die ganze Realität, im Verhältnis zu der das Ästhetische und das Ethische nur Abstraktionen sind. Wohnt eine Weltanschauung im Kopf oder im ganzen Menschen? Lebt sie in den Stunden der Proklamation oder noch in den stillen Privatzeiten seines Lebens? Verwendet er sie oder gibt er sich ihr her? Das ist die Scheidung zwischen Realgesinnung und Fiktivgesinnung, zwischen der Gesinnung, die verwirklicht wird, bis sie ganz in die Wirklichkeit eingegangen ist, und der Gesinnung, die flott durchgesetzt und durchgesetzt wird, bis nichts von ihr übriggeblieben ist. Es gilt die existentielle Verantwortung der Person für das Haben einer Weltanschauung; die kann mir keine Gruppe nicht abnehmen, sie darf es nicht.

Man rede nicht von ›Individualismus‹! Wohl geht es um Personen, aber nicht um der Person willen; es geht um sie um der Zukunft willen. Ob im Bereich irgendeiner Weltanschauung die Menschen der Realgesinnung oder die Menschen der Fiktivgesinnung bestimmend sind, ob die zu treffenden Entscheidungen von der existentiellen Verantwortung aus getroffen werden oder nicht, was sich an der inneren Front begibt, die quer durch alle Weltanschauungen sich zwischen Wahrheit und Lüge hinzieht, davon hängt noch mehr ab als davon, ob diese Weltanschauung ›siegt‹ oder nicht; denn davon hängt ab, ob der geschichtlich verzeichnete Sieg wahrhaft dies und nicht etwa die Katastrophe ist. Wie weit die künftige Gemeinschaft dem Wunschbild entsprechen wird, hängt von der Wesenshaltung der gegenwärtigen Personen – nicht der führenden allein, sondern jedes Einzelnen – wesentlich ab.

Das Ziel steht nicht fest und wartet; wer einen Weg einschlägt, der nicht schon in seiner Art die Art des Zieles darstellt, wird es verfehlen, so starr er es im Auge behielt; das Ziel, das er erreicht, wird nicht anders aussehen als der Weg, auf dem er es erreichte.

Wir leben – man muß es immer wieder sagen – in einer Zeit, in der Schlag auf Schlag die großen Träume, die großen Hoffnungen des Menschenvolks sich erfüllen: als ihre eignen Karikaturen. Was ist die Ursache all dieses massiven Scheins? Ich weiß keine andre als die Macht der Fiktivgesinnung. Diese Macht nenne ich die Ungebildetheit des Menschen dieses Zeitalters. Gegen sie steht die zeitwahre, zeitgerechte Bildung, die den Menschen hinführt zum gelebten Zusammenhang mit seiner Welt und ihn von da aufsteigen läßt zu Treue, zu Erprobung, zu Bewährung, zu Verantwortung, zu Entscheidung, zu Verwirklichung.

Die Bildungsarbeit, die ich meine, ist Führung zur Wirklichkeit und Verwirklichung. Der Mensch ist zu bilden, der zwischen Schein und Wirklichkeit, zwischen Scheinverwirklichung und echter Verwirklichung zu scheiden weiß, der den Schein verwirft und die Wirklichkeit erwählt und ergreift, gleichviel welche Weltanschauung er erwähle. Diese Bildungsarbeit erzieht die Angehörigen aller Weltanschauungen zur Echtheit und zur Wahrheit. Sie erzieht jeden dazu, mit seiner Weltanschauung Ernst zu machen von der Echtheit des Grundes aus und auf die Wahrheit des Zieles zu. (Reden über Erziehung, W1, S. 813-816)

Vom Neid zur Gleichmut

Neid ist das vierte Bild des geistig-seelisch Bösen. Der Mensch, der der Kraft des Neides folgt, glaubt zudem, diesen Trieb für sich ganz allein gepachtet zu haben. Niemand leidet so sehr darunter, wie er selbst. Daran ist er gewöhnt, was zu einer übertriebenen Nabelschau und von den Mitmenschen weg führt. Infolgedessen verliert er seinen Kontakt zur Welt. Er nimmt keine Struktur wahr und verliert sich auch noch selbst. Er gibt dann seine Mitmenschen, seine Welt und letztendlich sich selbst auf. Eine Überlebenschance scheint für den Neid-Menschen, nur noch der Gewinn an Kontrolle über die Welt und die Mitmenschen zu sein. Doch diese Haltung vermindert noch mehr seine Beziehungsfähigkeit. Der dadurch immer wiederkehrende Teufelskreis, in keiner echten Bindung zu stehen, hält die Distanz zu den Mitmenschen aufrecht. Erst wenn ein Neid-Mensch neues Vertrauen in ein Du gewinnt, wird auch die Welt wieder liebenswert, und er kann sich mit frischem Mut für Beziehungen zu seinen Mitmenschen entscheiden.

Die Selbstbesinnung nach den sechs chassidischen Schritten beginnt mit dem Entdecken der eigenen Schwermut. Der Neid-Mensch findet seinen besonderen Weg nicht allein über Gefühle. Vielmehr in dem Zugeben von ungerechten Haltungen seinen Mitmenschen gegenüber, wird er lernen, dass Verbundenheit mit Vergebung in Einklang steht. Es gilt, die persönliche Schuld aller *Eigenwesen* anzuerkennen. Dies führt dazu, das Du, den Anderen als Person wirklich wahrzunehmen. Ein Neid-Mensch spürt dann, wo die *Wiege des wirklichen Lebens* geschieht. Gleichzeitig nimmt er den Wandel der Welt wahr.

Melancholie und Mangel

– Du redest von der Liebe, als wäre sie die einzige Beziehung zwischen Menschen; aber darfst du sie auch nur als das Beispiel gerechterweise wählen, da es doch den Haß gibt?

– Solange die Liebe ›blind‹ ist, das heißt: solange sie nicht ein *ganzes* Wesen sieht, steht sie noch nicht wahrhaft unter dem Grundwort der Beziehung. Der Haß bleibt seiner Natur nach blind; nur einen Teil eines Wesens kann man hassen. Wer ein ganzes Wesen sieht und es ablehnen muß, ist nicht mehr im Reich des Hasses, sondern in dem der menschhaften Einschränkung des Dusagenkönnens. Daß dem Menschen widerfährt, zu seinem menschli-

chen Gegenüber das Grundwort, das stets eine Bejahung des angesprochenen Wesens einschließt, nicht sprechen zu können, entweder den andern oder sich selbst ablehnen zu müssen: das ist die Schranke, an der das In-Beziehung-treten seine Relativität erkennt und die erst mit dieser aufgehoben wird.
Doch der unmittelbar Hassende ist der Beziehung näher als der Lieb- und Haßlose.

*

Das aber ist die erhabene Schwermut unsres Loses, daß jedes Du in unsrer Welt zum Es werden muß. So ausschließlich gegenwärtig es in der unmittelbaren Beziehung war: sowie sie sich ausgewirkt hat oder vom Mittel durchsetzt worden ist, wird es zum Gegenstand unter Gegenständen, zum vornehmsten etwa, dennoch zu einem von ihnen, in Maß und Grenze gesetzt. Am Werk bedeutet Verwirklichung in einen Entwirklichung im anderen Sinn. Echte Anschauung ist kurz bemessen; das Naturwesen, das sich mir eben erst im Geheimnis der Wechselwirkung erschloß, ist nun wieder beschreibbar, zerlegbar, einreihbar geworden, der Schnittpunkt vielfältiger Gesetzeskreise. Und die Liebe selber kann nicht in der unmittelbaren Beziehung verharren; sie dauert, aber im Wechsel von Aktualität und Latenz. Der Mensch, der eben noch einzig und unbeschaffen, nicht vorhanden, nur gegenwärtig, nicht erfahrbar, nur berührbar war, ist nun wieder ein Er oder eine Sie, eine Summe von Eigenschaften, ein figurhaftes Quantum geworden. Nun kann ich aus ihm wieder die Farbe seiner Haare, die seiner Rede, die seiner Güte holen; aber solang ich es kann, ist er mein Du nicht mehr und noch nicht wieder.
Jedem Du in der Welt in seinem Wesen nach verhängt, Ding zu werden oder doch immer wieder in die Dinghaftigkeit einzugehn. In der gegenständlichen Sprache wäre zu sagen: jedes Ding in der Welt kann, entweder vor oder nach seiner Dingwerdung, einem Ich als sein Du erscheinen. Aber die gegenständliche Sprache erhascht nur einen Zipfel des wirklichen Lebens.
Das Es ist die Puppe, das Du der Falter. Nur daß es nicht immer Zustände sind, die einander reinlich ablösen, sondern oft ein in tiefer Zwiefalt wirr verschlungnes Geschehen (Ich und Du, W1, S. 88f.)

Rabbi Bunam legte aus: »Es heißt im Psalm: ›Der die gebrochenen Herzens sind heilt.‹ Weshalb wird uns das gesagt? Ist es doch eine gute Eigenschaft, ein gebrochenes Herz zu haben, und Gott gefällig, wie geschrieben steht:

›Gottesopfer ist ein gebrochenes Gemüt.‹ Aber es heißt in jenem Psalm weiter: ›und verbindet ihre Schwären‹. Gott heilt sie, die gebrochenen Herzens sind, nicht ganz und gar, sondern so, daß ihr Leiden ihnen nicht zur schwärender Schwermut werde. Denn Schwermut ist eine böse Eigenschaft und Gott mißfällig. Das gebrochne Herz bereitet den Menschen zum Dienste Gottes, die Schwermut zersetzt den Dienst. Man muß zwischen ihnen recht unterscheiden, wie zwischen Freude und Ausgelassenheit: da ist es so leicht, sich zu irren, aber sie sind fern voneinander wie die Enden der Welt.« (Gegen die Schwermut, W3, S. 648)

Gefühle und Verbundenheit

Daß die unmittelbare Beziehung ein Wirken am Gegenüber einschließt, ist an einem der drei Beispiele offenbar: die Wesenstat der Kunst bestimmt den Vorgang, in dem die Gestalt zum Werk wird. Das Gegenüber erfüllt sich durch die Begegnung, es tritt durch sie in die Welt der Dinge ein, unendlich fortzuwirken, unendlich Es, aber auch unendlich wieder Du zu werden, beglückend und befeuernd. Es ›verkörpert sich‹: sein Leib steigt aus der Flut der raum- und zeitlosen Gegenwart an das Ufer des Bestands.
Nicht so offenbar ist die Wirkensbedeutung an der Beziehung zum Menschen-Du. Der Wesensakt, der hier die Unmittelbarkeit stiftet, wird gewöhnlich gefühlhaft verstanden und damit verkannt. Gefühle begleiten das metaphysische und metapsychische Faktum der Liebe, aber sie machen es nicht aus; und die Gefühle, die es begleiten, können sehr verschiedener Art sein. Das Gefühl Jesu zum Besessenen ist ein andres als das Gefühl zum Lieblingsjünger; aber die Liebe ist eine. Gefühle werden ›gehabt‹; die Liebe geschieht. Gefühle wohnen im Menschen; aber der Mensch wohnt in seiner Liebe. Das ist keine Metapher, sondern die Wirklichkeit: die Liebe haftet dem Ich nicht an, so daß sie das Du nur zum ›Inhalt‹, zum Gegenstand hätte; sie ist *zwischen* Ich und Du. Wer dies nicht weiß, mit dem Wesen weiß, kennt die Liebe nicht, ob er auch die Gefühle, die er erlebt, erfährt, genießt und äußert, ihr zurechnen mag. Liebe ist ein welthaftes Wirken. Wer in ihr steht, in ihr schaut, dem lösen sich Menschen aus ihrer Verflochtenheit ins Getrieb; Gute und Böse, Kluge und Törichte, Schöne und Häßlich, einer um den andern wird ihm wirklich und zum Du, das ist, losgemacht, herausgetreten, einzig und gegenüber wesend; Ausschließlichkeit ersteht wunderbar Mal um Mal –

und so kann er wirken, kann helfen, heilen, erziehen, erheben, erlösen. Liebe ist Verantwortung eines Ich für ein Du: hierin besteht, die in keinerlei Gefühl bestehen kann, die Gleichheit aller Liebenden, vom kleinsten bis zum größten und von dem selig Geborgnen, dem sein Leben in dem eines geliebten Menschen beschlossen ist, zu dem lebelang ans Kreuz der Welt Geschlagnen, der das Ungeheure vermag und wagt: *die Menschen* zu lieben.
Im Geheimnis verbleibe die Wirkensbedeutung im dritten Beispiel, dem von der Kreatur und Anschauung. Glaub an die schlichte Magie des Lebens, an den Dienst im All, und es wird dir aufgehn, was jenes Harren, Ausschaun, ›Kopfvorstrecken‹ der Kreatur meint. Jedes Wort würde fälschen; aber sieh, die Wesen leben um dich her, und auf welches du zugehst, du kommst immer zum Wesen. (Ich und Du, W1, S. 87f.)

Die eigene Richtung neben die der Anderen

Ein Mensch lädt eine Schuld an einem andern auf sich und verdrängt sein Wissen um sie. Von dem fundamentalen Lebensvorgang der Schuld ist in der psychoanalytischen Literatur nur selten die Rede, und dann im allgemeinen nur seiner subjektiven Seite nach, nicht im Umkreis des zwischenmenschlich Ontischen; nur seine psychische Projektion und deren Ausschaltung durch die Verdrängungsakte erscheint hier relevant. Erkennt man aber den ontischen, und zwar überpersonhaft ontischen Charakter der Schuld, erkennt man also, daß die Schuld nicht in der menschlichen Person steckt, sondern die Person höchst wirklich in der Schuld steht, die sie umfängt, dann wird es offenbar, daß auch die Verdrängung des Schuldwissens nicht als nur-psychologisches Phänomen zureichend zu erfassen ist. Sie hindert ja den Schuldigen, die (von der ›Buße‹ *toto genere* verschiedene) Sühne zu vollziehen, deren ontisches Wesen freilich von moralphilosophischen und moraltheologischen Erörterungen eher verdunkelt worden ist, und damit auf den überpersönlichen Tatbestand im Sinne der Zurechtbringung der in den menschlichen Konstellationen erzeugten Störung einzuwirken – einer Zurechtbringung, als deren persönliche Begleiterscheinung allein die ›Reinigung‹ der Seele anzusehen ist. Sühne kann nicht etwa bloß an dem Menschen geschehen, dem gegenüber man sich schuldig gemacht hat (und der etwa tot ist), sondern an allem und jedem, je nach dem Gang des Einzellebens, je nach seiner Umgebung und seinen Umständen; es geht einzig darum, daß das Leben von dem Faktum der Schuld aus, nicht zwar als ein ›büßendes‹, wohl aber als ein sühnendes, ein ›gutmachendes‹ gelebt werde. Nun jedoch sei der Fall so, daß der Mensch, der sein Schuldwissen verdrängt hat, einer Neurose verfällt. Er kommt zum Psychotherapeuten um Heilung. Der holt das von ihm innerhalb des alles-enthaltenden Mikrokosmos des Patienten Bevorzugte – Ödipuskomplex oder Minderwertigkeitsgefühl oder kollektive Archetypik – aus dem Unbewußten ins Bewußtsein und verfährt damit sodann nach den Regeln seiner Weisheit und Kunst; die Schuld bleibt ihm fremd oder uninteressant. (Heilung aus der Begegnung, in: Nachlese, S. 131f.)

Sünde ist der jüdischen Lehre nach die Verstörung des Grundverhältnisses zwischen Gott und Mensch durch den Menschen, indem dieser durch sie zu einem mit dem Geschöpf Gottes nicht mehr identischen Wesen wird. Vergebung ist die Wiederherstellung des Grundverhältnisses durch Gott, nachdem der Mensch durch die Umkehr wieder in den Stand seiner Geschöpflichkeit eingetreten ist. Die Umkehr ist, wenn der Mensch die Ganzheit seiner Seele einsetzt, sie zu vollziehen, durch nichts behindert, auch nicht durch die Sünde der ersten Menschen. Diese hat die Ausgangssituation verändert, ohne die Freiheit und Kraft, sie zu bestehen, beeinträchtigen zu können, denn der Schöpfungswille Gottes ist durch keine Handlung der Erschaffenen anzutasten. Der Mensch beginnt immer wieder als das Geschöpf Gottes, nunmehr zwar mit der Last des aus dem geschichtslosen Paradies in die Welt und Weltgeschichte geworfenen, durch Welt und Weltgeschichte wandernden Menschentums beladen, aber, weil Wurf und Wanderantrieb ›mit Gericht und Gnade‹ zugleich geschahen, immer noch und immer wieder fähig, sich als Träger der geschichtlich wachsenden Last vor Gott zu bewähren. Daß er sündigt, gehört zu seiner Situation, daß er umkehrt, zum Standhalten in ihr. Er sündigt ja doch, wie Adam gesündigt hat, und nicht weil Adam gesündigt hat. Er ist geschichtlich nicht mehr im Urstand und in der Urwahl, aber fundamental ist es jeder von neuem, denn dreie schaffen nach talmudischer Lehre (b. Nidda 31a) an jedem Menschenkinde, Vater, Mutter und Gott – Gott ist immer wieder dabei, und sein Anteil ist stark genug, um dem Sündigen die Umkehr zu ermöglichen. Keiner aber geht zur Umkehr aus, dem nicht die Gnade schon entgegenkäme, und ›wer sich zu reinigen kommt, dem steht man bei‹ (b. Schabbat 104a). Weil der Weg des Menschentums, wie

weit es sich auch verlaufen hat, doch immer wieder anfängt, spricht der Beter die Wahrheit, wenn er an jedem Morgen beim Erwachen zu Gott sagt: ›Die Seele, die du mir gegeben hast, ist rein.‹ Wohl jeder sündigt, aber jeder kann umkehren. ›Die Tore des Gebets werden nie geschlossen‹ (Midr. Tehillim zu Psalm 65), oder, wie Jesus es ausdrückt, ›Klopfet, so wird euch aufgetan‹. Wer aber ›bis zu Gott‹ umkehrt, dem enthält Gott nichts vor. Es heißt (Jesaja 57, 19): ›Friede, Friede, dem Fernen und dem Nahen‹ – erst dem Fernen, dann dem Nahen. Denn Gott spricht: ›Ich weise kein Geschöpf zurück, keinen, der mir in der Umkehr sein Herz gab‹ (Midr. Tehillim zu Psalm 120). Die Vergebung ist nicht eschatologisch, sondern ewig gegenwärtig. Die Unmittelbarkeit zu Gott ist der in der Erschaffung des Menschen gestiftete Bund, der nicht aufgehoben wurde und wird.
Wer betet ›Vergib uns unsere Sünden‹, reicht sich dem hier und jetzt vergeben wollenden Gotte hin; er legt, wie es talmudisch, unter Verwendung eines biblischen Ausdrucks für das Wagnis, bezeichnet wird, seine Seele auf seine Hand und reicht sie ihm hin. Das Beten geschieht in der Unmittelbarkeit und um des Wachsens der Unmittelbarkeit willen. Die Umkehrenden bitten, daß Gott, der sie empfangen hat, sie halte. (Zwei Glaubensweisen, W1, S. 769ff.)

Ich bin nicht anders als die Anderen

– Daß die Es-Welt, sich selbst überlassen, das heißt: nicht vom Duwerden berührt und aufgeschmolzen, sich zum Alp verfremdet, ist zu verstehen; aber wie geht es zu, daß, wie du sagst, das Ich des Menschen sich entwirklicht? Ob in der Beziehung lebend, ob außer ihr, das Ich bleibt sich verbürgt in seinem Selbst-Bewußtsein, dem starken Goldfaden, an dem sich die wechselnden Zustände aufreihen. Ob ich nun sage: ›Ich sehe dich‹ oder: ›Ich sehe den Baum‹, vielleicht nicht gleich wirklich ist in beidem das Sehen, aber gleich wirklich ist in beidem das Ich.
– Prüfen wir, prüfen wir uns, ob dem so ist. Die wörtersprachliche Form erweist nichts; meint doch auch vieles gesagte Du im Grund ein Es, zu dem man nur eben aus Gewohnheit und Stumpfheit Du sagt, und vieles gesagte Es meint im Grund ein Du, an dessen Gegenwart man sich etwa in der Ferne mit dem ganzen Wesen erinnert; so ist zahlloses Ich nur ein unentbehrliches Pronomen, nur eine notwendige Abkürzung für ›Dieser da, der redet‹. Aber

das Selbstbewußtsein? Wenn in dem einen Satz wahrhaft das Du der Beziehung und in dem andern das Es einer Erfahrung gemeint ist, und wenn also das Ich in beiden wahrhaft gemeint ist, ist es das gleiche, aus dessen Selbstbewußtsein beides gesagt wird?

Das Ich des Grundworts Ich-Du ist ein andres als das des Grundworts Ich-Es.

Das Ich des Grundworts Ich-Es erscheint als Eigenwesen und wird sich bewußt als Subjekt (des Erfahrens und Gebrauchens).

Das Ich des Grundworts Ich-Du erscheint als Person und wird sich bewußt als Subjektivität (ohne abhängigen Genitiv).

Eigenwesen erscheint, indem es sich gegen andere Eigenwesen absetzt.

Person erscheint, indem sie zu andern Personen in Beziehung tritt. Das eine ist die geistige Gestalt der naturhaften Abgehobenheit, das andre die der naturhaften Verbundenheit.

Der Zweck des Sichabsetzens ist das Erfahren und Gebrauchen, und deren Zweck das ›Leben‹, das heißt das eine menschliche Lebensfrist dauernde Sterben.

Der Zweck der Beziehung ist ihr eigenen Wesen, das ist: die Berührung des Du. Denn durch die Berührung jedes Du rührt ein Hauch des ewigen Lebens uns an.

Wer in der Beziehung steht, nimmt an einer Wirklichkeit teil, das heißt: an einem Sein, das nicht bloß an ihm und nicht bloß außer ihm ist. Alle Wirklichkeit ist ein Wirken, an dem ich teilnehme, ohne es mir eignen zu können. Wo keine Teilnahme ist, ist keine Wirklichkeit. Wo Selbstzueignung ist, ist keine Wirklichkeit. Die Teilnahme ist um so vollkommener, je unmittelbarer die Berührung des Du ist.

Das Ich ist wirklich durch seine Teilnahme an der Wirklichkeit. Es wird um so wirklicher, je vollkommener die Teilnahme ist.

Aber das Ich, das aus dem Beziehungsereignis in die Abgelöstheit und deren Selbstbewußtsein tritt, verliert seine Wirklichkeit nicht. Die Teilnahme bleibt in ihm angelegt und lebendig bewahrt; mit einem andern Wort, das, von der höchsten Beziehung gesprochen, auf alle angewandt werden darf, ›der Same bleibt in ihm‹. Dies ist der Bereich der Subjektivität, darin das Ich seiner Verbundenheit und seiner Abgelöstheit in einem innewird. Die echte Subjektivität kann nur dynamisch verstanden werden, als das Schwingen des Ich in seiner einsamen Wahrheit. Hier auch ist der Ort, wo das Verlangen nach immer höherer, unbedingterer Beziehung, nach der vollkommenen Teilnahme am Sein sich bildet und emporbildet. In der Subjektivität reift die geistige Substanz der Person.

Die Person wird sich ihrer selbst als eines am Sein Teilnehmenden, als eines Mitseienden, und so als eins Seienden bewußt. Das Eigenwesen wird sich seiner selbst als eins So-und-nicht-anders-seienden bewußt. Die Person sagt: ›Ich bin‹, das Eigenwesen: ›So bin ich‹. ›Erkenne dich selbst‹ bedeutet der Person: erkenne dich als Sein, dem Eigenwesen: erkenne dein Sosein. Indem das Eigenwesen sich gegen andre absetzt, entfernt es sich vom Sein.

Damit soll nicht gesagt sein, daß die Person ihr Sondersein, ihr Anderssein irgend ›aufgäbe‹; es ist ihr an ihr nur nicht Blickpunkt, nur eben da, nur eben die notwendige und sinnvolle Fassung des Seins. Das Eigenwesen dagegen schlemmt an seinem Sondersein; vielmehr zumeist an der Fiktion seines Sonderseins, die es sich zurechtgemacht hat. Denn sich erkennen bedeutet ihm im Grund zumeist: eine geltungskräftige und es selbst immer gründlicher zu täuschen fähige Selbsterscheinung herstellen und sich in deren Anschauung und Verehrung den Schein einer Erkenntnis des eigenen Soseins verschaffen; dessen wirkliche Erkenntnis es zur Selbstvernichtung – oder zur Wiedergeburt führen würde.

Die Person schaut ihr Selbst, das Eigenwesen befaßt sich mit seinem Mein: meine Art, meine Rasse, mein Schaffen, mein Genius.

Das Eigenwesen nimmt an keiner Wirklichkeit teil und gewinnt keine. Es setzt sich gegen das Andere ab und sucht so viel davon als es kann in Besitz zu nehmen, durch Erfahren und Gebrauchen. Das ist *seine* Dynamik: das Sichabsetzen und die Besitznahme, beides am Es, beides im Unwirklichen geübt. Das Subjekt, als das es sich erkennt, mag sich noch so viel zu eigen machen, ihm wächst keine Substanz daraus, es bleibt punkthaft, funktionell, das Erfahrende, das Gebrauchende, nichts weiter. All sein ausgedehntes und vielfältiges Sosein, all seine eifrige ›Individualität‹ kann ihm zu keiner Substanz verhelfen.

Es gibt nicht zweierlei Menschen; aber es gibt die zwei Pole des Menschentums.

Kein Mensch ist reine Person, keiner reines Eigenwesen, keiner ganz wirklich, keine ganz unwirklich. Jeder lebt im zwiefältigen Ich. Aber es gibt Menschen, die so personbestimmt sind, daß man sie Person, und so eigenwesenbe-

stimmte, daß man sie Eigenwesen nennen darf. Zwischen jenen und diesen trägt sich die wahre Geschichte aus.
Je mehr der Mensch, je mehr die Menschheit vom Eigenwesen beherrscht wird, um so tiefer verfällt das Ich der Unwirklichkeit. In solchen Zeiten führt die Person im Menschen und in der Menschheit eine unterirdische, verborgne, gleichsam ungültige Existenz bis sie aufgerufen wird. (Ich und Du, W1, S. 119-122)

Jeder Mensch ist einzigartig

Stehe ich einem Menschen als meinem Du gegenüber, spreche das Grundwort Ich-Du zu ihm, ist er kein Ding unter Dingen und nicht aus Dingen bestehend.
Nicht Er oder Sie ist er, von andern Er und Sie begrenzt, im Weltnetz aus Raum und Zeit, eingetragner Punkt; und nicht eine Beschaffenheit, erfahrbar, beschreibbar, lockeres Bündel benannter Eigenschaften. Sondern nachbarnlos und fugenlos ist er Du und füllt den Himmelskreis. Nicht als ob nichts andres wäre als er: aber alles andre lebt in *seinem* Licht.
Wie die Melodie nicht aus Tönen sich zusammensetzt, der Vers nicht aus Wörtern und die Bildsäule nicht aus Linien, man muß dran zerren und reißen, bis man die Einheit zur Vielheit zubereitet hat, so der Mensch, zu dem ich Du sage. Ich kann die Farbe seine Haare oder die Farbe seiner Rede oder die Farbe seiner Güte aus ihm holen, ich muß es immer wieder; aber schon ist er nicht mehr Du.
Und wie das Gebet nicht in der Zeit ist, sondern die Zeit im Gebet, das Opfer nicht im Raum, sondern der Raum im Opfer, und wer das Verhältnis umkehrt, hebt die Wirklichkeit auf, so finde ich den Menschen, zu dem ich Du sage, nicht in einem Irgendwann und Irgendwo vor. Ich kann ihn hineinstellen, ich es immer wieder, aber nur noch einen Er oder eine Sie, ein Es, nicht mehr mein Du.
Solang der Himmel des Du über mir ausgespannt ist, kauern die Winde der Ursächlichkeit an meinen Fersen, und der Wirbel des Verhängnisses gerinnt.
Den Menschen, zu dem ich Du sage, erfahre ich nicht. Aber ich stehe in der Beziehung zu ihm, im heiligen Grundwort. Erst wenn ich daraus trete, erfahre ich ihn wieder. Erfahrung ist Du-Ferne.

Beziehung kann bestehn, auch wenn der Mensch, zu dem ich Du sage, in seiner Erfahrung es nicht vernimmt. Denn Du ist mehr, als Es weiß. Du tut mehr, und ihm widerfährt mehr, als Es weiß. Hierher langt kein Trug: hier ist die Wiege des Wirklichen Lebens. (Ich und Du, W1, S. 83)

Balance im Dazwischen

Emil Preetorius hat mehrfach, und jüngst mit einer besonderen Eindringlichkeit, die Frage aufgeworfen, ob es heute noch die Natur als unser Gegenüber gebe, ob für den Künstler in dieser unsrer gewandelten Welt nicht das Wie an die Stelle des Was treten müsse, oder, in Preetorius' eigenen Worten, ob es nicht jetzt die Bildmittel selber seien, die zu einem Gegenüber werden, einem freilich, das ins Innere des Künstlers verlegt ist. Aber hier wird nicht, was ich für unerläßlich halte, zwischen Gegenüber und Gegenstand unterschieden. Mit Gegenständen gibt es keine ›Zwiesprache‹ (auch diesen Begriff verwendet Preetorius); die gibt es nur mit einem Gegenüber; im ›Innern‹ des Menschen aber gibt es kein wirkliches Gegenüber und demgemäß auch keine wirkliche Zwiesprache. Hinwieder ist das Wie nicht etwas, was erst im Werkwerden auftritt; schon in der Begegnung selber ist es da, denn sie ist nicht die Wahrnehmung eines Objektes, die uns ein Was liefert, sondern das Angetretenwerden durch ein Gegenüber, das sich der menschlichen Person übergegenständlich zu schauen gibt. Auch das Tier hat Gegenstände, ein Gegenüber hat nur der Mensch, und er hat es eben als Mensch.
Gewiß, in der Verlorenheit von heute mag es zuweilen so erscheinen, als müßten wir der Begegnung mit der Natur verlustig gehen; in Wahrheit aber stehen wir nicht in einer gewandelten, sondern in einer sich wandelnden Welt; und diese Wandlung ist ein Prozeß, der sich nicht unabhängig von unserem Willen und Widerwillen vollzieht. Mit Recht sagt Preetorius, eine Frage wie die von ihm erörterte könne nicht theoretisch, sondern allein durch die Tat beantwortet werden. Aber müssen wir den Verzicht auf den personhaften Kontakt mit der Natur als die wesentliche Tat des kommenden Künstlergeschlechts ansehen? ›Abkehr vom Augenschein‹ nennt es Preetorius, aber in den echten Begegnungen mit einem Du hat nie der Augenschein, immer die vollkommene Gegenwart gewaltet. Ein vertrautes oder auch überwältigend unvertrautes Wesen, das auf uns zukommt, ist mit keinem ›Augeneindruck‹ zu identifizieren. Unsre Sinne reichen bei weitem nicht aus,

dem standzuhalten, was sich auf uns zu regt. Auch die Natur regt sich, auch in der äußersten Unbeweglichkeit noch, auf uns zu; sie hat mit uns zu schaffen.

Ich halte dafür, daß es morgen in der sich ankündigenden Krisis aller Krisen die Tat des kommenden Künstlergeschlechts sein kann und darf, einen Durchbruch zu einer neuen, gewandelten Begegnung mit der Natur zu versuchen. Heute schon merken wir mancherorten das heimliche oder offenbare Verlangen danach. (Ein Beispiel. Zu den Landschaften Leopold Krakauers, Nachlese, S. 92ff.)

Von der Habsucht zum Nichtanhaften

Ein fünftes Bild des geistig-seelischen Bösen ist die Habsucht. Ein Habsucht-Mensch macht sich in Hinsicht auf das Böse in der Welt nichts vor. Er hat sogar die Triebkraft analysiert und meint, überprüfen zu können, ob es sich wirklich lohnt, sich selbst und andere in eine gute Richtung zu führen. Im Beziehungsverhalten ist er deswegen distanziert und übertrieben vorsichtig, wirklich Optimismus in sein Leben zu lassen.

Ein Habsucht-Mensch baut sich die Welt so zurecht, dass sich die Wirklichkeit ihm ganz entzieht. Die zwischenmenschliche Realität ist ihm fern, und infolgedessen zimmert er sich seine eigene Welt, die jedoch sein Gefühl der Verlorenheit in der Welt verstärkt.

Indem sich ein Habsucht-Mensch auf konkrete Beziehungen wirklich einlässt, kann er lebendigen Kontakt zur Welt wiederfinden. Die damit verbundene Lebensfreude hilft ihm, an der selbstgebauten Weltsicht nicht haften zu bleiben. Entscheidend ist, den selbstverschuldeten Rückzug anerkennend zu fühlen und das angesammelte Beobachtungswissen seinen direkten Mitmenschen zu schenken. So kann der Habsucht-Mensch frei entscheiden, sein Wissen mit seinen Gefühlen zu verbinden. Gefühle zu erleben, statt sie zu beobachten, unterstützt ihn, der wirkenden Welt zu begegnen.

Der erste Schritt nach der chassidischen Lehre zum Nichtanhaften ist das Zugeben einer falschen Beziehung zur Welt. Hier beginnt echte Selbstbesinnung: Das persönliche Leben bekommt ein Gesicht. Dies geschieht beim Habsucht-Menschen nur über soziale Beziehungen in der *Gegenwart.* Das damit verbundene wirkliche Welt-Erkennen umfasst sowohl den Abgrund, d. h. das Böse in der Welt als auch das *Innewerden,* d. h. das liebevolle Umarmen seiner Mitmenschen. Hierüber gibt der Habsucht-Mensch sein Anhaften auf und kann Erfolg wie Misserfolg im Sinne eines Ich-Du urteilsfrei begegnen.

Angst vor Gefühlen

Zuweilen, wenn es den Menschen in der Verfremdung zwischen Ich und Welt schaudert, überkommt ihn die Erwägung, daß etwas zu tun sei. Wie wenn du in schlimmer Mitternacht vom Wachtraum gepeinigt liegst, die Bollwerke sind zerfallen und die Abgründe schreien, und du merkst mitten in der Pein: es gibt das Leben noch, ich nur hindurch zu ihm – wie aber, wie?: so der

Mensch in den Stunden der Besinnung, schaudernd, erwägend und richtungslos. Und vielleicht weiß er die Richtung doch, ganz unten, mit dem ungeliebten Wissen der Tiefe, die Richtung der Umkehr, die über das Opfer führt. Aber er verwirft dieses Wissen; das ›Mystische‹ hält der elektrischen Sonne nicht stand. Er ruft den Gedanken herbei, dem er – mit Recht – viel zutraut: der soll ihm alles wieder gutmachen. Es ist ja die hohe Kunst des Gedankens, ein zuverlässiges und geradezu glaubhaftes Weltbild zu malen. So sagt der Mensch zu seinem Gedanken: ›Sieh diese furchtbare Lagernde da mit den grausamen Augen – ist es nicht dieselbe, mit der ich einst gespielt habe? Weißt du noch, wie sie mich damals anlachte mit eben diesen Augen, und da waren sie gut? Und sieh mein elendes Ich – ich will dirs gestehn: es ist leer, und was immer ich in mich tue, aus Erfahrung und Gebrauch, es dringt nicht in seine Höhlung. Willst dus nicht wieder gutmachen zwischen mir und ihr, daß sie ablasse und ich genese?‹ Und der dienst- und kunstfertige Gedanke malt mit seiner berühmten Schnelligkeit eine – nein, zwei Bildreihen, auf rechte und linke Wand. Auf der einen ist (vielmehr: geschieht, denn die Weltbilder des Gedankens sind zuverlässige Kinematographie) das Universum. Dem Wirbel der Gestirne enttaucht die kleine Erde, dem Wimmeln auf der Erde enttaucht der kleine Mensch, und nun trägt ihn die Geschichte weiter durch die Zeiten, die Ameisenhügel der Kulturen, die sie zertritt, beharrlich wieder aufzubauen. Unter der Bilder steht geschrieben: ›Eins und alles‹. Auf der andern geschieht die Seele. Eine Spinnerin spinnt: das Kreisen aller Gestirne und das Leben aller Geschöpfe und die ganze Weltgeschichte; alles ist eines Fadens Gespinst, und heißt nicht mehr Gestirne und Geschöpfe und Welt, sondern Empfindungen und Vorstellungen, oder gar Erlebnisse und Seelenzustände. Und unter der Bilderreihe steht geschrieben: ›Eins und alles‹.

Wenn den Menschen fortan einmal in der Verfremdung schaudert und die Welt ihn ängstet, blickt er auf (rechtshin oder linkshin, wie es sich grad schickt) und erblickt ein Bild. Da sieht er, daß das Ich in der Welt steckt und daß es das Ich eigentlich gar nicht gibt, also kann die Welt dem Ich nichts anhaben, und er beruhigt sich; oder er sieht, daß die Welt im Ich steckt und daß es die Welt eigentlich gar nicht gibt, also kann die Welt dem Ich nichts anhaben, und er beruhigt sich. Und ein andermal, wenn den Mensch in der Verfremdung schaudert und das Ich ihn ängstet, blickt er auf und erblickt ein

Bild; und welches er sieht, gleichviel, das leere Ich ist mit Welt vollgestopft oder die Weltflut überströmt es, und er beruhigt sich.
Aber ein Augenblick kommt, und er ist nah, da sieht der schaudernde Mensch auf und sieht in einem Blitz beide Bilder auf einmal. Und ein tieferer Schauder erfaßt ihn. (Ich und Du, W1, S. 126f.)

Echte Verbundenheit

Lebendige soziale Gedanken kommen doch einem nur, wenn er wirklich mit den Menschen lebt, ihren Gruppenbildungen nicht fremd bleibt und sogar eine bewegte Masse nicht von außen allein kennt. Ohne echte soziale Bindungen gibt es keine echte soziale Erfahrung, und ohne echte soziale Erfahrung gibt es kein echtes soziologisches Denken. Und dennoch bleibt es wahr, daß alle Erkenntnis ein *asketischer* Akt ist. In der Stunde der Erkenntnis muß der Mensch etwas Paradoxes zustande bringen: er muß zwar mit seinem ganzen Sein in die Erkenntnis eingehen, er muß ach die Erfahrungen, die seine Bindungen ihm geschenkt haben, unverkürzt in die Erkenntnis einbringen; aber er muß sich von dem Einfluß dieser Bindungen so sehr freimachen, als er mit der stärksten Konzentration der geistigen Kraft vermag. Zum soziologischen Denker wird ein Mensch nicht, wenn sein Traum und seine Leidenschaft sich nie mit Traum und Leidenschaft einer menschlichen Gemeinschaft vermischt haben; aber im Augenblick des Gedankens selbst darf er, soweit das in seiner Macht steht, nur noch Person sein, erkennende, dem Gegenstand aufgeschlossene Person. Ist das geschehen, dann braucht er nicht darüber zu grübeln, wie weit er entgegen seinem Willen auch noch erkennend von seiner Zugehörigkeit zu einer Gruppe mitbestimmt war. In menschlicher Wahrheit, das heißt in dem Verhältnis eines Menschen zu der Wahrheit, die er entdeckt, ist immer Freiheit und Gebundenheit, Schau und Trübung verschmolzen; unsere Sache ist einzig dies, mit allem Vermögen unseres Geistes die freie Schau vollbringen zu wollen. Die so gewonnene Erkenntnis ist es, auf deren Grunde der soziologische Denker, wo die dringende Frage herantritt, werten und entscheiden, rügen und fordern darf, ohne sich gegen das Gesetz seiner Wissenschaft zu vergehen. So nur bewährt sich der Geist in der Krisis, die ihn und die gesellschaftliche Wirklichkeit mitsammen umfängt. Der Geist spricht sein Wort der Forderung, das die Wirklichkeit, das Herz der kranken Wirklichkeit von ihm – von ihm als ihrem Partner, nicht als von ihrem Sprecher – fordert. Der Vertreter des Geistes spricht es zu einem erwachsenden Geschlecht des Geistes, das erzogen werden soll, und er spricht es in die Welt hinein, die geändert werden soll. (Die Forderung des Geistes, W1, S. 1058f.)

Der philosophische Anthropolog aber muß nicht weniger als seine leibhafte Ganzheit, sein konkretes Selbst einsetzen. Und mehr noch. Es genügt nicht, wenn er sein Selbst als *Objekt* des Erkennens einsetzt. Die *Ganzheit* der Person und durch sie die Ganzheit des *Menschen* erkennen kann er erst dann, wenn er seine *Subjektivität* nicht draußen läßt und nicht unberührter Betrachter bleibt. Sondern er muß in den Akt der Selbstbesinnung in Wirklichkeit ganz eingehen, um der menschlichen Ganzheit inne werden zu können. Mit anderen Worten: er muß diesen Akt des Hineingehens in jene einzigartige Dimension als *Lebensakt* vollziehen, ohne vorbereitete philosophische Sicherung, er muß sich also alledem aussetzen, was einem widerfahren kann, wenn man wirklich lebt. Hier erkennt man nicht, wenn am Strande bleibt und den schäumenden Wogen zusieht, man muß sich dran wagen, sich drein werfen, man muß schwimmen, wach und mit aller Kraft, und mag da sogar ein Augenblick kommen, wo man fast die Besinnung zu verlieren meint: so und nicht anders wird die anthropologische Besinnung geboren. Solang man sich ›hat‹, sich als ein Objekt hat, erfährt man vom Menschen doch nur als von einem Ding unter Dingen, die zu erfassende Ganzheit ist noch nicht ›da‹; erst wenn man nur noch *ist*, ist sie da, wird sie erfaßbar. Man nimmt nur so viel wahr, als einem die Wirklichkeit des ›Dabeiseins‹ wahrzunehmen freigibt, das aber nimmt man war, und der Kristallisationskern bildet sich aus. (Das Problem des Menschen, W1, S. 316)

Wenn wir eines Wegs gehen und einem Menschen begegnen, der uns entgegenkam und auch eines Wegs ging, kennen wir nur unser Stück, nicht das seine, das seine nämlich erleben wir nur in der Begegnung.
Von dem vollkommnen Beziehungsvorgang wissen wir, in der Art des Gelebthabens, unser Ausgegangensein, unser Wegstück. Das andre widerfährt uns nur, wir wissen es nicht. Es widerfährt uns in der Begegnung. Aber wir verheben uns daran, wenn wir davon als von einem Etwas jenseits der Begegnung reden.

Womit wir uns zu befassen, worum wir uns zu bekümmern haben, ist nicht die andre, sondern unsre Seite; ist nicht die Gnade, sondern der Wille. Die Gnade geht uns insofern an, als wir zu ihr ausgehn und ihrer Gegenwart harren; unser Gegenstand ist sie nicht.

Das Du tritt mir gegenüber. Aber ich trete in die unmittelbare Beziehung zu ihm. So ist die Beziehung Erwähltwerden und Erwählen, Passion und Aktion in einem. Wie denn eine Aktion des ganzen Wesens, als die Aufhebung aller Teilhandlungen und somit aller (nur in deren Grenzhaftigkeit gegründeter) Handlungsempfindungen, der Passion ähnlich werden muß.

Das ist die Tätigkeit des ganz gewordenen Menschen, die man das Nichttun genannt hat, wo sich nichts Einzelnes mehr, nichts Teilhaftes mehr am Menschen regt, also auch nichts von ihm in die Welt eingreift; wo der ganze, in seiner Ganzheit geschloßne, in seiner Ganzheit ruhende Mensch wirkt; wo der Mensch eine wirkende Ganzheit geworden ist. In dieser Verfassung Stetigkeit gewonnen haben heißt zur höchsten Begegnung ausgehen können.

Dazu bedarf es nicht eines Abstreifens der Sinnenwelt als einer Scheinwelt. Es gibt keine Scheinwelt, es gibt nur die Welt; die uns freilich zwiefältig erscheint nach unserer zwiefältigen Haltung. Nur der Bann der Abgetrenntheit ist abzutun. Es bedarf auch keins ›Überschreitens der sinnlichen Erfahrung‹; jede Erfahrung, auch die geistigste könnte uns nur ein Es ergeben. Es bedarf auch keiner Hinwendung zu einer Welt der Ideen und Werte: die uns nicht Gegenwart werden kann. All dessen bedarf es nicht. Kann man sagen, wessen es bedarf? Nicht im Sinn einer Vorschrift. Alles, was je in den Zeiten des Menschengeistes ersonnen und erfunden worden ist an Vorschrift, an angebbarer Vorbereitung, Übung, Versenkung, hat mit dem ureinfachen Faktum der Begegnung nichts zu schaffen. Was immer für Vorteil an Erkenntnis oder Machtwirkung dieser oder jener Übung zu verdanken sein möchten, all das rührt nicht daran, wovon hier gesprochen wird. Es hat in der Eswelt seinen Platz und führt nicht einen Schritt, führt nicht *den* Schritt aus ihr. Im Sinn von Vorschriften ist das Ausgehen unlehrbar. Es ist nur aufzeigbar, wo nämlich, daß man einen Kreis zieht, der alles ausschließt, was nicht dieses ist. Dann wird das eine sichtbar, worauf es ankommt: die vollkommende Akzeptation der Gegenwart.

Freilich setzt die Akzeptation, je weiter der Mensch sich in der Abgetrenntheit verlaufen hat, ein um so schwereres Wagnis, eine um so elementarere

Umkehr voraus; ein Aufgeben nicht etwa des Ich, wie die Mystik zumeist meint: das Ich ist wie zu jeder Beziehung so auch zur höchsten unerläßlich, da sie nur zwischen Ich und Du geschehen kann; ein Aufgeben also nicht des Ich, aber jenes falschen Selbstbehauptungstriebs, der den Menschen vor der unzuverlässigen, undichten, dauerlosen, unübersehbaren, gefährlichen Welt der Beziehung in das Haben der Dinge flüchten läßt. (Ich und Du, W1, S. 129f.)

Resignation überwinden

Wenn alle ›Richtungen‹ versagen, in der Finsternis über dem Abgrund ersteht die Eine wahre Richtung des Menschen, auf den schöpferischen Geist, auf den über dem Antlitz der Wasser flügelbreitenden Gottesbraus zu – den, von dem wir nicht wissen, von wannen er kommt und wohin er fährt.
Das ist die wahre Autonomie des Menschen, das Erzeugnis der Freiheit, die nicht mehr verrät, sondern verantwortet.
Der Mensch, das Geschöpf, welches Geschaffnes gestaltet und umgestaltet, kann nicht schaffen. Aber er kann, jeder kann sich und kann andere dem Schöpferischen öffnen. Und er kann den Schöpfer anrufen, daß er sein Ebenbild rette und vollende. (Reden über Erziehung, W1, S. 808)

Geist in seiner menschlichen Kundgebung ist Antwort des Menschen an sein Du. Der Mensch redet in vielen Zungen, Zungen der Sprache, der Kunst, der Handlung, aber der Geist ist einer, Antwort an das aus dem Geheimnis erscheinende, aus dem Geheimnis ansprechende Du. Geist ist Wort. Und wie die sprachliche Rede wohl erst im Gehirn des Menschen sich worten, dann in seiner Kehle sich lauten mag, beides aber sind nur Brechungen des wahren Vorgangs, in Wahrheit nämlich steckt die Sprache nicht im Menschen, sondern der Mensch steht in der Sprache und redet aus ihr, – so alles Wort, so aller Geist. Geist ist nicht im Ich, sondern zwischen Ich und Du. Es ist nicht wie das Blut, das in dir kreist, sondern wie die Luft, in der du atmest. Der Mensch lebt im Geist, wenn er seinem Du zu antworten vermag. Er vermag es, wenn er in die Beziehung mit seinem ganzen Wesen eintritt. Vermöge seiner Beziehungskraft allein vermag der Mensch im Geist zu leben.
Aber das Schicksal des Beziehungsvorgangs reckt sich hier am gewaltigsten auf. Je mächtiger die Antwort, um so mächtiger bindet sie das Du, bannt es

zum Gegenstand. Nur das Schweigen zum Du, das Schweigen *aller* Zungen, das verschwiegende Harren im ungeformten, im ungeschiedenen, im vorzunglichen Wort läßt das Du frei, steht mit ihm in der Verhaltenheit, wo der Geist sich nicht kundgibt, sondern ist. Alle Anwort bindet das Du in die Eswelt ein. Das ist die Schwermut des Menschen, und das ist seine Größe. Denn so wird Erkenntnis, so wird Werk, so wird Bild und Vorbild in der Mitte des Lebendigen.

Was aber so zum Es sich gewandelt hat, dem ist, dem zum Ding unter Dingen Erstarrten, der Sinn und die Bestimmung eingetan, daß es sich immer wieder entwandle. Immer wieder – so war es gemeint in der Stunde des Geistes, als er sich dem Menschen antat und die Antwort in ihm zeugte – soll das Gegenständliche zu Gegenwart entbrennen, einkehren zum Element, daraus es kam, von Menschen gegenwärtig geschaut und gelebt werden.

Die Erfüllung dieses Sinns und dieser Bestimmung wird von dem Menschen vereitelt, der sich mit der Eswelt als einer zu erfahrenden und zu gebrauchenden abgefunden hat und nun das in ihr Eingebundene, statt es zu lösen, niederhält, statt ihm zuzublicken, beobachtet, statt es zu empfangen, verwertet.

Erkenntnis: Im Schauen eines Gegenüber erschließt sich dem Erkennenden das Wesen. Er wird, was er gegenwärtiglich geschaut hat, wohl als Gegenstand fassen, mit Gegenständen vergleichen, in Gegenstandsreihen einordnen, gegenständlich beschreiben und zergliedern müssen; nur als Es kann es in den Bestand der Erkenntnis eingehen. Aber im Schauen war es kein Ding unter Dingen, kein Vorgang unter Vorgängen, sondern ausschließlich gegenwärtig. Nicht in dem Gesetz, das danach aus der Erscheinung abgeleitet wurde, sondern in ihr selber teilt sich das Wesen mit. Daß das Allgemeine gedacht wird, ist nur eine Abwicklung des knäuelhaften Ereignisses, da es im Besondern, im Gegenüber geschaut wurde. Und nun ist dieses in der Esform der begrifflichen Erkenntnis eingeschlossen. Wer es daraus erschließt und wieder gegenwärtig schaut, erfüllt den Sinn jenes Erkenntnisaktes als eines zwischen den Menschen Wirklichen und Wirkenden. Aber man kann Erkenntnis auch so betreiben, daß man feststellt: ›so also verhält es sich damit, so heißt das Ding, so ist es beschaffen, da gehört es hin‹, daß man das zu Es Gewordene als Es beläßt, als Es erfährt und gebraucht, es mitverwendet für

die Unternehmung, sich in der Welt ›auszuerkennen‹, und sodann für die, die Welt zu ›erobern‹.
So auch die Kunst: Im Schauen eines Gegenüber erschließt sich dem Künstler die Gestalt. Er bannt sie zum Gebilde. Das Gebilde steht nicht in einer Götterwelt, sondern in dieser großen Welt der Menschen. Wohl ist es ›da‹, auch wenn kein Menschenauge es heimsucht; aber es schläft. Der chinesische Dichter erzählt, die Menschen hätten das Lied nicht hören mögen, das er auf seiner Jadeflöte spielte; da spielte er es den Göttern, und sie neigten das Ohr; seither lauschten auch die Menschen dem Lied: so ist er denn von den Göttern zu denen gegangen, deren das Gebild nicht entraten kann. Nach des Menschen Begegnung schaut es wie im Traum aus, daß er den Bann löse und die Gestalt umfange, für einen zeitlosen Augenblick. Da kommt er nun gegangen und erfährt, was zu erfahren ist: so ist es gemacht, oder dies ist darin ausgedrückt, oder solcherart sind seine Qualitäten, und dazu wohl auch noch, welchen Rang es einnimmt.
Nicht als ob wissenschaftlicher und ästhetischer Verstand nicht vonnöten wäre: aber um sein Werk getreu zu tun und unterzutauchen in der überverständlichen, das Verständliche umschließenden Wahrheit der Beziehung.
Und zum dritten, über Geist der Erkenntnis und Geist der Kunst erhöht, weil hier der vergängliche körperhafte Mensch sich nicht dem dauernderen Stoff einzubilden braucht, sondern ihn überdauernd selber als Gebild, von der Musik seiner lebendigen Rede umrauscht, am Sternenhimmel des Geistes aufgeht: das reine Wirken, die Handlung ohne Willkür. Hier erschien dem Menschen aus tieferem Geheimnis das Du, sprach ihn aus dem Dunkel selber an, und er antwortete mit seinem Leben. Hier ist das Wort Mal um Mal Leben geworden, und dieses Leben, ob es Gesetz erfüllte oder Gesetz brach – beides tut jeweilig not, damit der Geist auf Erden nicht sterbe –, ist Lehre. So steht es vor den Nachgeborenen, sie zu lehren, nicht was ist und nicht was sein soll, sondern wie im Geist, im Angesicht des Du, gelebt wird. Und das heißt: es steht bereit, ihnen allzeit selbst zum Du zu werden und die Duwelt aufzutun; nein es steht nicht bereit, es kommt immerdar auf sie zu und rührt sie an. Sie aber, zum lebendigen Verkehr, dem weltauftuenden, unlustig und untauglich geworden, wissen Bescheid; sie haben die Person in der Geschichte und ihre Rede in der Bücherei eingefangen; sie haben die Erfüllung oder den Bruch, gleichviel, kodifiziert; und sie geizen auch nicht mit Verehrung

und gar Anbetung, hinlänglich mit Psychologie untermischt, wie es dem modernen Menschen geziemt. O einsames Angesicht sternhaft im Dunkel, o lebendiger Finger auf einer unempfindlichen Stirn, o verhallender Schritt! (Ich und Du, W1, S. 103-106)

Wissen allein hilft nicht

Es gibt drei Arten zu unterscheiden, auf die wir einen Menschen, der vor unsern Augen lebt (ich meine nicht ein Objekt der Wissenschaft, von der ich hier nicht rede), wahrzunehmen vermögen. Der Gegenstand unsrer Wahrnehmung braucht von uns, von unserm Dabeisein nichts zu wissen; ob er zum Wahrnehmen ein Verhältnis, ein Verhalten hat, ist hier gleichgültig.
Der *Beobachter* ist ganz darauf gespannt, den Beobachteten sich einzuprägen, ihn zu ›notieren‹. Er sucht ihn ab und zeichnet ihn auf. Und zwar ist er beflissen, so viele ›Züge‹ als möglich aufzuzeichnen. Er lauert den Zügen auf, daß ihm keiner entgehe. Der Gegenstand besteht aus Zügen, und von jedem weiß man, was dahintersteckt. Die Kenntnis des menschlichen Expressionssystems verleibt sich die neuerscheinenden individuellen Variationen stets im Nu ein und bleibt verwendbar. Ein Gesicht ist nichts als Physiognomie, Bewegungen nichts als Ausdrucksgebärde.
Der *Betrachter* ist überhaupt nicht gespannt. Er nimmt die Haltung ein, die ihm den Gegenstand frei zu sehen gibt, und erwartet unbefangen, was sich ihm darbieten wird. Nur zu Anfang darf bei ihm die Absicht walten, alles weitere ist unwillkürlich. Er notiert nicht drauflos, läßt sich gehn, er fürchtet sich gar nicht, etwas zu vergessen (›Vergessen ist gut‹, sagt er). Er gibt seinem Gedächtnis keine Aufgaben, er vertraut dessen organischer Arbeit, die das Erhaltenswerte erhält. Er fährt nicht, wie der Beobachter das Gras als Grünfutter ein, er wendet es und läßt es von der Sonne bescheinen. Auf Züge paßt er nicht auf (›Züge‹, sagt er, ›führen irre‹). Am Gegenstand ist ihm das erheblich, was nicht ›Charakter‹ und nicht ›Ausdruck‹ ist (›Das Interessante‹, sagt er, ›ist nicht wichtig‹). Alle großen Künstler sind Betrachter gewesen.
Es gibt aber eine Wahrnehmung, die von entscheidend anderer Art ist.
Dem Betrachter und Beobachter ist das gemeinsam, daß sie eine Einstellung haben, eben den Wunsch, den vor unsern Augen lebenden Menschen wahrzunehmen; sodann, daß dieser für sie ein von ihnen selber und ihrem persönlichen Leben abgetrennter Gegenstand ist, der eben nur deshalb ›richtig‹

wahrgenommen werden kann; daß somit das, was sie so erfahren, ob es nun wie beim Beobachter eine Summe von Zügen oder wie beim Betrachter eine Existenz ist, ihnen weder Tat abfordert noch Schicksal zufügt; daß das Ganze sich vielmehr in den abgeschiedenen Gefilden der Ästhesie begibt.

Anders geht es zu, wenn mir, in einer empfänglichen Stunde meines persönlichen Lebens, ein Mensch begegnet, an dem mir etwas, was ich gar nicht gegenständlich zu erfassen vermag, ›etwas sagt‹. Das heißt keineswegs: mir sagt, wie dieser Mensch sei, was in ihm vorgehe und dergleichen. Sondern: *mir* etwas sagt, mir etwas zuspricht, mir etwas in mein eigenes Leben hineinspricht. Das kann etwas über diesen Mensch sein, zum Beispiel, daß er mich braucht. Es kann aber auch etwas über mich sein. Der Mensch selber in seinem Verhalten zu mir hat mit diesem Sagen nichts zu schaffen; er verhält sich nicht zu mir, er hat mich wohl gar nicht bemerkt. Nicht er sagt es mir, wie jener Einsame seinem Nachbarn auf der Bank schweigsam sein Geheimnis gestand: *es* sagt.

Wer hier ›sagen‹ als Metapher versteht, versteht nicht. Die Phrase ›das sagt mir nichts‹ ist metaphorisch verschliffen; aber das Sagen, auf das ich hinzeige, ist wirklich Sprache. Im Haus der Sprache sind viele Wohnungen, und das ist eine der innern.

Die Wirkung dieses Gesagtbekommens ist eine völlig andere als die des Betrachtens und Beobachtens. Ich kann den Menschen, an dem, durch den mir etwas gesagt worden ist, nicht abmalen, nicht erzählen, nicht beschreiben; versuchte ich es, wärs schon aus mit dem Gesagtsein. Dieser Mensch ist nicht mein Gegenstand; ich habe mit ihm zu tun bekommen. Vielleicht habe ich etwas an ihm zu vollbringen; aber vielleicht habe ich nur etwas zu lernen, und es kommt nur darauf an, daß ich ›annehme‹. Es kann sein, daß ich sogleich zu antworten habe, eben an diesen Menschen hier hin; es kann auch sein, daß dem Sagen eine lange, vielfältige Transmission bevorsteht und daß ich darauf anderswo, anderswann, anderswem antworten soll, wer weiß in was für einer Sprache, und es kommt jetzt nur darauf an, daß ich das Antworten auf mich nehme. Immer aber ist mir ein Wort geschehen, das eine Antwort heischt.

Diese Wahrnehmungsweise sei *Innewerden* genannt.

Es muß keineswegs ein Mensch sein, dessen ich innewerde; es kann ein Tier sein, ein Gewächs, ein Stein. Keine Art von Erscheinung, keine Art von Begebenheit ist grundsätzlich aus der Reihe derer geschaltet, durch die mir jeweils etwas gesagt wird. Nichts kann sich weigern, dem Wort Gefäß zu sein. Die Möglichkeitsgrenzen des Dialogischen sind die des Innewerdens. (Zwiesprache, W1, S. 181ff.)

Der Welt Wohlwollen schenken

Der Bildung, die hier erörtert wird, ist es um die ›Welt‹ zu tun, deren vielfältige Aspekte die ›Weltanschauungen‹ sind. Es gibt ja eben doch nicht etwa bloß die verschiedenen Auffassungen eines Volkstums, in deren Zeichen und um deren Wahrheit die Volksgruppen miteinander ringen, – es gibt doch auch das wirkliche Volkstum selber, das sie alle meinen und keine umfaßt: es geht in sie alle ein, spiegelt und bricht sich in jeder – und ist keiner hörig. Die Bildungsarbeit weist auf die reale Einheit hin, die sich hinter der Vieldeutigkeit der Aspekte birgt. Sie maßt sich nicht an, die Weltanschauungen durch Welt zu ersetzen, sie kann jene nicht verdrängen und darf es nicht wollen; sie weiß, daß man eine Welt nicht ›haben‹ kann, wie man eine Weltanschauung hat; aber sie weiß auch, daß für den Aufbau der Person und somit auch für den Aufbau der aus Personen und ihren Beziehungen wachsenden großen Gemeinschaft alles davon abhängt, wie weit man faktisch mit der Welt zu tun bekommt, die die Weltanschauungen ausdeuten.
Aber kann man denn zu einer Welt hinführen? Keiner vermag doch einen Bestand anders zu zeigen, als wie er sich eben ihm darstellt, also notwendigerweise wieder einen Aspekt! Ist es denn möglich, weltanschauungsfrei zu lehren, – und wäre es, wenns möglich wäre, erwünscht?
Nein, es ist nicht möglich, und nein, es wäre nicht erwünscht. Aber es kommt, beim Lehrenden wie beim Lernenden, darauf an, ob seine Weltanschauung sein lebensmäßiges Verhältnis zu der ›angeschauten‹ Welt fördert oder ihm diese verstellt. Die Tatsachen sind; es kommt darauf an, ob ich sie so treu zu erfassen strebe, als ich vermag. Meine Weltanschauung kann mir darin helfen; wenn sie nämlich meine Liebe zu dieser ›Welt‹ so wach und stark hält, daß ich nicht müde werde wahrzunehmen, was wahrzunehmen ist. Ein Text etwa meines Schrifttums ist da; er ist unzählige Male und auf unzählige Weise interpretiert worden; ich weiß, daß keine Interpretation, und nun auch meine nicht, den Ursprungssinn des Textes deckt; ich weiß, daß mein Interpretieren, wie jedes, bedingt ist durch mein Sein; aber wenn ich

auf das, was dasteht, auf Wort und Gefüge, auf Laut und rhythmischen Bau, auf offenbare und heimliche Zusammenhänge so treulich achte als ich vermag, ist es nicht umsonst getan, – ich finde etwas, ich habe etwas gefunden. Und wenn ich, was ich gefunden habe, aufzeige, führe ich – den, der sich führen läßt – zur Wirklichkeit des Textes hin; ich setze ihn, den ich lehre, den wirkenden Kräften des Textes aus, deren Wirken ich erfahren habe.

Und ebenso ist etwa eine geschichtliche Erscheinung da; gewiß, schon ihr erster Chronist mag sie, zumindest durch die Auswahl des Mitgeteilten, ›weltanschaulich‹ gefärbt haben; aber was tut das? Von meiner Weltanschauung befeuert, diese Erscheinung zu erkennen, mühe ich mich redlich um die Durchdringung des Materials, um die Schau des verborgenen ›Dahinter‹; irgendwo, ich weiß nicht wo, mag diese meine wahrnehmende Unbefangenheit von meiner bearbeitenden weltanschaulichen Befangenheit durchsetzt werden – vergeblich war sie nicht, denn in das Ergebnis, das ich heimtrage, ist Wirklichkeit chemisch eingemengt, unauslösbar freilich war meine Treue nicht, wenn ich nur darauf ausging, zu erfahren, was irgend ich erfahren kann. Die Tatsachen sind und die Treue ist; die Treue ist wie alles Menschliche bedingt und wie alles Menschliche maßgeblich. Es ist uns nicht gewährt, die Wahrheit zu besitzen; aber wer an sie glaubt und ihr dient, baut in ihrem Reich. Der ideologische Anteil an dem, was jeder Einzelne Wahrheit nennt, ist unausschmelzbar; aber was er vermag, das ist, im eigenen Geist Einhalt zu gebieten der Politisierung der Wahrheit, der Utilitarisierung der Wahrheit, der ungläubigen Gleichsetzung von Wahrheit und Verwendbarkeit. Die Relativierung waltet in mir wie der Tod in mir waltet; aber ihr kann ich, anders als ihm, immer wieder die Schranke setzen: Bis hierher und nicht weiter!

Die Bildung, die hier erörtert wird, stellt die geteilten Weltanschauungsgruppen vor das Angesicht des Ganzen. Da aber dieses Ganze nicht ein abgesondertes Objekt, sondern das sie gemeinsam tragende Leben ist, können sie nicht in getrennten Scharen dastehen und betrachten, – sie müssen in dieser erfahrenden Gemeinsamkeit auch miteinander zu tun bekommen, ja erst im gelebten Miteinander bekommen sie recht eigentlich die Gewalt des Ganzen zu spüren.

Die moderne Gruppe will ›sich durchsetzen‹, sie das Ganze werden. Aber das Ganze wird nicht gemacht, es wächst. Wer sich ihm auferlegt, verliert es, in-

dem er es zu gewinnen scheint; wer sich ihm hingibt, wächst mit ihm. Nur in *gewachsener* Ganzheit ist die elementare (d. h. die freie) Produktivität eines Volkstums verbürgt, nur im Blick auf sie ist sie möglich.
Die Bildungsarbeit vereinigt die teilnehmenden Gruppen, im Zugang zu den bildnerischen Kräften und im gemeinsamen Dienst um die Tatsachen, zu einem Modell der großen Gemeinschaft: als welche nicht Zusammenschluß der Gleichgesinnten ist, sondern echtes Miteinanderleben der Gleichgearteten oder Artverschmolzenen, aber Verschiedengesinnten. Gemeinschaft ist Bewältigung der *Anderheit* in der gelebten Einheit. (Reden über Erziehung, W1, S. 810-813)

Alles ist im Fluß

Geschichte geschieht, und Geschichte bedeutet, daß eine Zeit nicht der anderen gleicht. Gott handelt in der Geschichte, und Gott ist nicht ein Apparat, der, einmal aufgezogen, so lange gleichmäßig läuft, bis er abgelaufen ist, sondern er ist ein lebendiger Gott. Auch das Gotteswort einer Stunde, dem man dadurch gehorcht, daß man sich ein Joch um den Hals legt, darf man nicht als ein Plakat dranhängen. Gott hat eine Wahrheit, die Wahrheit; aber er hat kein System. Seine Wahrheit äußert sich in seinem Willen; aber sein Wille ist kein Programm. Gott hat einen Willen für die Menschenwelt dieser Stunde; aber die Menschenwelt ist von ihm ebenfalls mit einem Willen begabt, mehr noch, sie ist von ihm in einem hinreichenden Maße mit der Macht ausgestattet, diesen Willen auszuführen; sie kann sich also in dieser Stunde ändern, und Gott, der sich um sie, um ihren Willen und um ihre möglichen Änderungen innig bekümmert, kann, wenn sie sich ändert, seinen Willen für sie ändern. Das heißt: die geschichtliche Wirklichkeit kann eine andere geworden sein. Man darf sich nicht auf sein Wissen verlassen. Man muß fortgehn und von neuem horchen.
(...) Die wahren Propheten sind die eigentlichen Realpolitiker; denn sie verkündigen ihre politische Botschaft von der ganzen geschichtlichen Wirklichkeit aus, die zu schauen ihnen gegeben wird. Die falschen Propheten, die Illusionspolitiker, reißen mit der Macht ihres Wunsches einen Fetzen aus der geschichtlichen Wirklichkeit und weben ihn in ihre bunte Illusion ein. Wenn sie ihre Suggestivwirkung ausüben wollen, zeigen sie die prächtigen Farben

vor; und wenn man sie nach dem Wahrheitsgehalt fragt, ziehen sie den Fetzen nach oben.

(...) Die falschen Propheten sind nicht gottlos, Sie beten den Gott ›Erfolg‹ an. Sie bedürfen selber immerzu des Erfolgs und erlangen ihn, indem sie ihn dem Volk verheißen; aber sie sind auch ehrlich um den Erfolg für das Volk beflissen. Die Sucht nach dem Erfolg beherrscht ihre Herzen und bestimmt, was daraus aufsteigt; das ist's was Jeremia ›den Trug ihrer Herzen‹ nennt: sie trügen nicht, sie werden betrogen und können in keiner anderen Luft atmen als in der dieses Trugs.

Die wahren Propheten kennen den kleinen aufgeblasenen Götzen Erfolg durch und durch; sie wissen, daß zehn Erfolge, die nichts als Erfolge sind, eine Niederlage ergeben können, hingegen zehn Mißerfolge, wenn der Geist sich in ihnen bewährt, einen Sieg. (Falsche Propheten, Ein Land zwei Völker, S. 196f.)

Von der Furcht zum Mut

Der Furcht-Mensch weiß, dass er das Bild seiner geistig-seelischen Kraft beeinflussen kann. Er spürt diese Entscheidungskraft. Doch gleichzeitig bezweifelt er, ob er die Kraft wirklich hat. Da er aus Furcht vor sich selbst und vor seinen Mitmenschen zu sehr auf das Gemeinschaftliche ausgerichtet ist, fällt es ihm schwer, innerliche Ruhe für sein Ich, das dann in ein echtes Ich-Du hinübergeht, zu finden. So glaubt er, dass zwischen ihm und der Welt ein ständiger Kampf abläuft. Die dauernde Beschäftigung mit der Welt und mit seinen Mitmenschen macht ihn blind und taub für sich selbst. Wirklicher Mut zum Leben entwickelt sich, wenn er seine eigenen Schwächen und seine Unsicherheit nicht mehr verborgen hält. Dies bringt die echte Entscheidungskraft in den Vordergrund. Durch eindeutige und überschaubare Beziehungen gibt ein Furcht-Mensch den Kampf mit der Welt, die sowieso stärker als er ist, und mit den Mitmenschen auf. Den Mut dazu zu entwickeln, baut den Scheinglauben an ein dauerhaftes Verlustgeschäft ab.

Ein Furcht-Mensch ist fähig, die inneren Entscheidungskräfte wahrzunehmen. Nur durch wahre Entscheidungen findet dieser Mensch seine Lebensrichtung, die die Kraft für ein mutiges Zusammenleben ebnet.

Der erste Schritt nach der chassidischen Lehre ist der schwerste Schritt für Furcht-Menschen. Es geht darum, das eigene Dasein anzunehmen, sich selbst zu wollen und ein Selbstwissen zu entwickeln. Der besondere Weg liegt darin, sich immer wieder als Einzelner jenseits von Gruppenloyalitäten zu entscheiden. Dabei gilt es, eine Treue zum Leben zu entwickeln, die sich dann als gute Entscheidungskraft des *Werdens zu dem, wer man ist* entpuppt. Einerseits braucht dieser Mensch nur Eine Furcht zu pflegen, die vor der Einen Kraft, vor Gott. Gott gibt ihm immer Zeichen, Er ist für ihn immer da. Darüber hinaus kann ein Furcht-Mensch dem *wirklichen Leben* mutig begegnen und akzeptieren, dass er genau wie seine Mitmenschen mit den konkreten Beziehungen zwischenmenschlich *nie ganz fertig* ist.

Ich bin blind und taub

Einst drängten sich die Leute, um die Lehre zu vernehmen, die der Apter sprach. ›Umsonst!‹ rief er ihnen zu, ›wer hören soll, hört auch aus der Ferne, wer nicht hören soll, hört auch aus der Nähe nicht.‹ (Die hören sollen, hören, W3, S. 506)

Jeder von uns steckt in einem Panzer, dessen Aufgabe ist, die Zeichen abzuwehren. Zeichen geschehen unablässig, leben heißt angeredet werden, wir brauchten nur uns zu stellen, nur zu vernehmen. Aber das Wagnis ist uns zu gefährlich, die lautlosen Donner scheinen uns mit Vernichtung zu bedrohen, und wir vervollkommnen von Geschlecht zu Geschlecht den Schutzapparat. All unsere Wissenschaft versichert uns: ›Sei ruhig, das geschieht eben alles wie es geschehen muß, aber an dich ist nichts gerichtet, du bist nicht gemeint, das ist eben ›die Welt‹, du kannst sie erleben wie du willst, aber was immer du in dir damit anfängst geht von dir allein aus, man fordert dir nichts ab, man redet dich nicht an, alles ist still.‹

Jeder von uns steckt in einem Panzer, den wir bald vor Gewöhnung nicht mehr spüren. Nur Augenblicke gibt es, die ihn durchdringen und die Seele zur Empfänglichkeit aufrühren. Und wenn sich dergleichen uns angetan hat und wir dann aufmerksam und uns fragen: ›Was hat sich denn da Besondres ereignet? Wars nicht von der Art, wie es mir alle Tage begegnet?‹ so dürfen wir uns erwidern: ›Freilich, nichts Besondres, so ist es alle Tage, nur wir sind alle Tage nicht da.‹

Die Zeichen der Anrede sind nicht etwas Außerordentliches, etwas was aus der Ordnung der Dinge tritt, sie sind eben das, was sich je und je begibt, eben das, was sich ohnehin begibt, durch die Anrede kommt nichts hinzu. Die Ätherwellen brausen immer, aber wir haben zumeist unsern Empfänger abgestellt.

Was mir widerfährt ist Anrede an mich. Als das, was mir widerfährt, ist das Weltgeschehen Anrede an mich. Nur indem ich es sterilisiere, es von Anrede entkeime, kann ich das, was mir widerfährt, als einen Teil des mich meinenden Weltgeschehens fassen. Das zusammenhängende, sterilisierte System, in das sich all dies nur einzufügen braucht, ist das Titanenwerk der Menschheit. Auch die Sprache ist ihm dienstbar gemacht worden.

Von diesem Turm der Zeiten aus wird mir, wenn etwelche seiner Torwächter solchen Gedankengängen irgend Beachtung schenken sollten, entgegengehalten werden, das sei doch nichts andres als eine Abart des uralten Aberglaubens, daß die kosmischen und telurischen Vorgänge eine zu erfassende unmittelbare Bedeutung für das Leben der menschlichen Person hätten: statt einen Vorgang physikalisch, biologisch, soziologisch zu begreifen (wofür ich, von je zum Bewundern echter Forschungsakte geneigt, sehr viel übrig habe, wenn die es tun nur wissen, was sie tun, und die Grenzen des Bereichs, in dem sie sich bewegen, nicht aus den Augen verlieren), suche man hinter seine angebliche Signifikanz zu kommen, für die in einem vernunftgemäßen raumzeitlichen Weltkontinuum kein Platz sei.

So wäre ich ungeahnterweise in die Gesellschaft der Auguren geraten, von denen es ja bekanntlich merkwürdige moderne Spielarten gibt.

Aber ob Leber-, ob Sternenschau: ihren Zeichen ist dies eigentümlich, daß sie in einem Wörterbuch, wenn auch nicht notwendig in einem niedergeschriebenen, stehn. Und mag es noch so heimlich überlieferte Kunde sein: der nach ihnen ausguckt, *kennt sich darin aus*, welche Lebenswendung dieses, welche jenes Zeichen nun einmal bedeutet; und mag auch das Zusammentreffen mehrerer verschiedenartigen besondere Schwierigkeiten des Trennens und Kombinierens schaffen, es gibt ein ›Nachschlagen‹. Die gemeinsame Signatur all des Treibens ist die Allmaligkeit: das Gleichbleibende, das ein für allemal Ermittelte, die durchgehende Anwendbarkeit von Regeln, Gesetzen und Analogieschlüssen. Was man so Aberglauben nennt, kommt mir eher wie ein Aberwissen vor. Vom ›Aberglauben‹ an den Dreizehnten führt eine ununterbrochene Leiter bis in die schwindligsten Höhen der Gnosis; von einem wirklichen Glauben ist dies nicht einmal der Affe.

Der wirkliche Glaube – wenn ich denn das Sichstellen und Vernehmen so nennen darf – fängt da an, wo das Nachschlagen aufhört, wo es einem vergeht. Was mir widerfährt, sagt mir etwas, aber was das ist, das es mir sagt, kann mir durch keine geheime Kunde eröffnet werden, denn es ist noch nie zuvor gesagt worden und es setzt sich nicht aus Lauten zusammen, die je gesagt worden sind. Es ist undeutbar, wie es unübersetzbar ist, ich kanns nicht erklärt bekommen und ich kanns nicht darlegen, es ist ja gar nicht ein Was, es ist ja mir in mein Leben hinein gesagt, es ist keine Erfahrung, die sich unabhängig von ihrer Situation erinnern läßt, es bleibt immer die Anrede jenes Augenblicks, unisolierbar, es bleibt die Frage eines Fragenden, die ihre Antwort will.

(Die Frage. Denn das ist ja der andere große Gegensatz zwischen allem Zeichenwesen der Deuterei und der Zeichensprache, die hier gemeint ist: sie ist nie Auskunft, nie Bescheid, nie Beruhigung.)

Der Glaube steht in der Flut der Einmaligkeit, die vom Wissen überspannt wird. Unentbehrlich für die Arbeit des Menschengeistes sind all die Notbauten der Analogik, der Typologik, aber Flucht wärs, sie zu betreten, wenn dich, mich die Frage des Fragenden antritt. In der Flut allein erprobt und erfüllt sich das gelebte Leben.

Das raumzeitliche Weltkontinuum in Ehren – lebensmäßig kenne ich nur das Weltkonkretum, das mir jeweils, in jedem Augenblick zugereicht wird. Ich kann es in seine Bestandteile zerlegen, kann sie vergleichend Gruppen ähnlicher Phänomene zuteilen, kann sie von früheren ableiten, auf einfachere zurückführen – und habe nach alledem es, mein Weltkonkretum, nicht angerührt: unzerlegbar, unvergleichbar, unzurückführbar, nun schauervoll einmalig blickt es mich an. So will ich in Strawinskis Ballett der Direktor des wandernden Puppentheaters dem Jahrmarktspublikum zeigen, daß ein Pierrot, der es erschreckte, nichts als ein bekleideter Strohwisch ist, er reißt ihn auseinander – und bricht schlotternd zusammen, denn auf dem Dach der Bude sitzt der *lebende* Petruschka und lacht ihn aus.

Der wahre Name des Weltkonkretums ist: die mir, jedem Menschen anvertraute Schöpfung. In ihr werden uns die Zeichen der Anrede gegeben. (Zwiesprache, W1, S. 183ff.)

Es hat sich gezeigt, daß der Mensch immer wieder die Dimension des Bösen als Entscheidungslosigkeit erfährt. Die Vorgänge, in denen er sie erfährt, bleiben aber in seinem Selbstwissen nicht eine Reihe isolierter Momente des Sich-nicht-Entscheidens, des vom Spiel der Phantasie mit den Potentialitäten Besessenwerdens, des sich in eben dieser Besessenheit auf das sich Darbietende Werfens: sie schließen im Selbstwissen sich zu einer Folge der Entscheidungslosigkeit, gleichsam zu einer Beharrung in ihr zusammen. Diese Negativierung des Selbstwissens wird natürlich immer wieder ›verdrängt‹ werden, solange der Wille zur puren Selbsterhaltung den zum Sich-selbst-bejahen-Können überwältigt. In dem Maße hingegen, als dieser sich behauptet, wird der Zustand in eine akute Auto-Problematik übergehen: der Mensch stellt sich selbst in Frage, weil sein Selbstwissen ihm nicht mehr ermöglicht, sich zu bejahen und zu bestätigen. Diese Lage nimmt nun entweder pathologische Form an, das heißt, das Verhältnis der Person zu sich selbst wird brüchig und verworren; oder die Person findet den Ausgang, wo sie ihn kaum noch erwartete, nämlich durch eine äußerste, an Gewalt und Wirksamkeit sie selbst überraschende Anstrengung des Einswerdens, einen entscheidenden Akt der Entscheidung, eben das also, was in der erstaunlich treffenden Sprache der Religion ›die Umkehr‹ heißt: oder es geschieht ein Drittes, etwas, dem unter den Seltsamkeiten des Menschen ein Sonderrang zukommt und dessen Betrachtung wir uns nun zuwenden müssen.

Weil der Mensch das einzige uns bekannte Lebewesen ist, in dem sich gewissermaßen die Kategorie der Möglichkeit verkörpert hat und dessen Wirklichkeit unablässig von den Möglichkeiten umwittert wird, bedarf er als das einzige unter allen der Bestätigung. Jedes Tier ist in seinem Dies-sein gefestigt, seine Modifikationen sind ihm vorbestimmt, und wenn eins sich zur Raupe und zur Puppe wandelt, ist auch seine Wandlung noch Grenze; es ist eben in alledem mitsammen das, was es ist, und so kann ihm keine Bestätigung nottun, ja es wäre Widersinn, wenn ihm jemand oder wenn es sich selber sagte: Du darfst sein, was du bist. Der Mensch ist als Mensch ein Wagnis des Lebens, undeterminiert und ungefestigt; er bedarf daher der Bestätigung, und diese kann er naturgemäß nur als der einzelne Mensch empfangen, indem die andern und er selbst ihn in seinem Dieser-Mensch-Sein bestätigen. Immer wieder muß das Ja zu ihm gesprochen werden, vom Blick des Vertrauten und von der Regung des eigenen Herzens her, um ihn von der Bangigkeit des Preisgegebenseins zu befreien, die ein Vorgeschmack des Todes ist, Zur Not kann man auf die Bestätigung durch die andern verzichten, wenn die eigne sich so steigert, daß sie die Ergänzung durch jene entbehrlich macht. Nicht aber umgekehrt: der Zuspruch der Mitmenschen reicht nicht hin, wenn das Selbstwissen die innere Ablehnung gebietet, denn das Selbstwissen ist ja unbestreitbar das zuständigere. So muß denn der Mensch, wenn er das Selbstwissen nicht dadurch zu berichtigen vermag, daß er umkehrt, ihm die Macht über das Ja und Nein nehmen; er muß die Bejahung unabhängig von allem Befund werden lassen und sie statt auf ein ›über sich selber Urteilen‹ auf ein souveränes Sich-selber-Wollen gründen; er muß sich selber wählen, und zwar nicht, ›wie er gemeint ist‹ – dieses Bild muß vielmehr völlig ausgelöscht werden –, sondern wie er eben ist, wie er selber sich entschlossen hat, sich zu meinen. Man erkennt sie, die das eigne Selbstwissen Bezwingenden, zumeist an der krampfhaften Pressung der Lippen, der krampfhaften Spannung der Handmuskel oder dem krampfhaften Auftritt des Fußes. Diese Haltung ist jenes seltsameste Dritte, das aus der Auto-Problematik ›ins Freie‹ führt: man braucht nicht mehr nach dem Sein hinauszuschauen, es ist hier, man ist was man will, und man will was man ist. (Bilder von Gut und Böse, W1, S. 645ff.)

Allein auf der Welt sein

Die Kategorie des Einzelnen hat sich gewandelt. Es kann nicht sein, daß die Beziehung der menschlichen Person zu Gott durch Weglassen der Welt entstehe; also muß der Einzelne seine Welt, was an Welt ihm eben lebensmäßig zugereicht und anvertraut wird, in seine Lebensandacht ohne Abstrich mitnehmen und es an deren Wesentlichkeit ungeschmälert teilnehmen lassen. Es kann nicht sein, daß der Einzelne, wenn er über die Schöpfung hinweg die Hände ausstreckt, Gottes Hände finde; er muß die Arme um die leidige Welt legen, deren wahrer Name Schöpfung ist, dann erst langen seine Finger in den Bereich des Blitzes und der Gnade. Es kann nicht sein, daß auch im Glaubensverhältnis der Geist der Reduktion walte; der Einzelne, der seinem Glaubensverhältnis lebt, muß es in den unverkürztem Maßen seines gelebten Lebens sich erfüllen lassen wollen. Der Stunde, die ihn antritt, der biographischen und geschichtlichen Stunde, muß er, so wie sie ist, mit ihrem ganzen Weltgehalt, mit all ihrem Widerspruch, der wie Widersinn anmutet, standhalten, ohne die Wucht der Anderheit in ihr abzuschwächen. Die Botschaft, die an ihn von dieser Stunde her, in der Erscheinung dieser Situation ergeht, muß er unbeschönigt, unveredelt vernehmen; er darf auch ihre wilde, krasse Profanität sich nicht ins keusch Religiöse übersetzen; er muß erkennen, daß die Frage an ihn, die sich in der Sprache der Situation birgt, ob die nun nach Engels- oder nach Teufelszungen klingt, Gottes Frage an ihn bleibt, natürlich ohne daß damit die Teufel zu Engel würden. Frage ists, auf Wundersart dem wilden, krassen Laute eingetönt; antworten soll er, der Einzelne, mit seinem Tun und Lassen antworten, die Stunde, die Weltstunde, die Allerweltsstunde als die ihm gewordene, ihm anvertraute annehmen und verantworten. Abstrich ist verboten, aussuchen darfst du das dir Zusagenden nicht, die ganze grausame gilt, die ganze heischt dich an, antworten sollst du – Ihm.

Den Anspruch vernehmen, durch welchen Mißklang auch er an dein Ohr stößt, – und dir von niemand dreinreden lassen! Die Antwort geben, von dem Grunde aus, wo noch ein Hauch vom Eingehauchten schwingt, – und niemand darf dir einsagen!

Dieses Erzgebot, um dessen willen die Schrift ihren Gott schon welterschaffend *reden* läßt, bestimmt, wenn es gehört wird, auch das Verhältnis des Einzelnen zu seiner Gemeinschaft neu.
Die menschliche Person gehört, ob sie es wahrnehmen, ob sie damit ernstmachen will oder nicht, der Gemeinschaft zu, in die sie geboren oder geraten ist. Wer aber erkannt hat, was Schickung, sehe sie auch wie Verschickung aus, Hingestelltsein, mag es uns auch wie Verstelltsein dünken, bedeutet, der weiß auch, daß er es wahrhaben, damit ernstmachen muß. Dann aber, gerade dann merkt er, daß einer Gemeinschaft wahrhaft zugehören die vielfältig wechselnde, nie endgültig zu formulierende Erfahrung der *Grenze* dieser Zugehörigkeit einschließt. Vernimmt der Einzelne das Wort der historisch-biographischen Stunde getreu, faßt er die Situation seines Volks, die seine, als Zeichen und Forderung an ihn, schont er sich und seine Gemeinschaft nicht vor Gott, dann erfährt er die Grenze. Er erfährt sie in solcher Pein, als würde ihm der Grenzpfahl in die Seele gerammt. Der Einzelne, der verantwortlich lebende Mensch, kann auch seine politischen Handlungen – und selbstverständlich sind auch Unterlassungen Handlungen – nur von jenem Grunde seines Daseins aus vollziehen, zu dem der Anspruch des furchtbaren und gütigen Gottes, des Herrn der Geschichte und unseres Herrn, dringen will. (Die Frage an den Einzelnen, W1, S. 245f.)

Der Kobryner Rabbi lehrte: »Die Seele spricht zum Bösen Trieb wie Abraham zu Lot: ›Ist's zur Linken, will ich zur Rechten, ist's zur Rechten, will ich zur Linken.‹ ›Willst du mich nach links führen‹, spricht die Seele zum Bösen Trieb, ›ich höre nicht auf dich und wähle den rechten Weg. Aber räts du mir sogar, mit dir nach rechts zu gehen, so will ich lieber zur Linken.‹« (Die Seele und der Böse Trieb, W3, S. 552)

Vertrauen schenken

Unser Verhalten baut sich auf unzählige Verbindungen von Bewegungen zu etwas und Wahrnehmungen von etwas auf. Da ist keine Bewegung, die nicht, unmittelbar oder mittelbar, mit einer Wahrnehmung, und keine Wahrnehmung, die nicht, mehr oder minder bewußt, mit einer Bewegung zusammenhinge. Es gibt nichts in und an uns, das diesem Grunde völlig enthoben wäre; auch noch die Bilder der Phantasie, der Träume, des Wahnsinns ziehen ihren Stoff aus ihm; unsere Sprache wurzelt in ihm, ihre feinsten Verzweigungen holen aus ihm ihren Saft, und mit der Sprache wurzelt in ihm unser Denken, das sich nicht von ihr lossagen kann, ohne seine Lebensbindung zu verlieren; die Mathematik selber muß sich immer wieder in der Bezogenheit auf sie konkretisieren.

Das, auf das zu wir uns bewegen und das wir wahrnehmen, ist, von meiner Intention aus gefaßt, stets sinnenhaft, und auch wenn ich selber der Gegenstand meiner wahrnehmenden Bewegung und bewegten Wahrnehmung bin, muß ich in irgendeinem Maße meine Körperlichkeit zu Hilfe nehmen, um meine Beziehung zu mir so zu vollziehen, daß ich meiner Intention Genüge tue. Anders verhält es sich, wenn ich den Gegenstand als unabhängig von meiner Bewegung und Wahrnehmung zu fassen suche. Bin ich selber es, um den es geht, dann höre ich, sowie ich nun solchermaßen Ich werde, schlechthin auf, Gegenstand zu sein. Das gleiche gilt für jedes andere Ich in der echten Kommunikation mit mir: es ist mir nur Partner, nicht Gegenstand; als Partner, als mein Du kann der andere in seiner vollen Selbständigkeit gefaßt werden, ohne daß seine Sinnenhaftigkeit verkürzt würde. Nicht so alles eigentlich Gegenständliche oder als gegenständlich Behandelte, dem ich entweder kein Ich zuschreibe oder dessen Ich von mir jetzt und hier nicht vergegenwärtigt wird. All dies kann ich in seine Selbständigkeit nur so stellen, daß ich es von der Sinnenwelt, von seinem sinnhaften Vertretensein in ihr frei mache. Was dann als Es-selber verbleibt, aller Eigenschaften entledigt, die ihm in der Begegnung mit mir, in der Sinnenwelt zu eigen geworden waren, sei jeweils als kleines x bezeichnet. Es existiert aber nicht als vorstellbar. Wir können freilich versuchen, ihm etwelche Eigenschaften zu belassen, die es in der Sinnenwelt besaß; aber dann setzen wir es nur in ein fiktives Zwischenreich, das mittendrin zwischen der Sinnenhaftigkeit und Selbständigkeit schwebt. Von x wissen wir, was Kant uns vom Ding an sich wissen heißt, nämlich daß es ist – Kant würde sagen: ›und nicht mehr‹, wir heute Lebenden aber müssen hinzufügen: ›und daß das seiende uns begegnet‹. Das ist, wenn wir es ernst genug nehmen, ein gewaltiges Wissen. Denn in all der Sinnenwelt ist nicht ein Zug, der nicht aus Begegnungen stammte, nicht von der Mitwirkung des x in der Begegnung herrührte.

Eine uralte Linde stand einst an dem Weg, den ich Mal um Mal gegangen bin. Immer nahm ich sie an, wie sie mir gegeben war, und damit war's genug. Bis mich einmal die Frage überkam: ›Jetzt, da ich ihr begegne, ist die Linde so – wie ist sie vor, wie nach unsrer Begegnung? Was ist sie, wenn ihr keine Wahrnehmung naht?‹ Die philosophische Denkschulung befahl mir, die Frage als sinnlos zu verwerfen, aber ich widerstand. Die Botanik antwortete auf die Frage mit einer Rechenschaft über Struktur und Dynamik der Linde, aber von den Eigenschaften der Linde, die ich wahrnahm, konnte ich dabei nichts beibehalten; das Grün des Blattes, das auf meine Hand niedergeweht war, mußte gegen das Chlorophyll eingetauscht werden, und dieses, wie alles, was mir von den biochemischen Befunden im Leben des Baums gesagt wurde, zog mich in die Welt des x, wo es nur noch das Unvorstellbare gab, sogar der Raum war es, in dem die Linde haftete, unvorstellbares Mathema. Aber ich ließ es mir gefallen, ich nahm das eigenschaftslos und unheimlich gewordene Ding oder Unding an, das auch mich gewartet hatte, um wieder einmal zur blühenden und duftenden Linde meiner Sinnenwelt zu werden, ich sagte zum entsinnlichten Linden-x, wie Goethe zur sinnfälligen Rose: ›Du bist es also.‹

Wie die Linde auf mich gewartet hat, um sich zu begrünen, so hat die Natur, die unwahrgenommene, die x-Natur, vormals darauf gewartet, daß Lebewesen entstehen, durch deren begegnende Wahrnahme das Grün, das Weich, das Warm, die sinnebedingten Qualitäten in die Welt kommen. Aber das Tier lebt, wie die Biologie unserer Tage erkannt hat (ich zitiere Buytendijk), ›mit seiner Umwelt wie mit seinen Organen‹, es nimmt nicht mehr und nicht anders wahr, als was und wie die jeweilige Situation wahrzunehmen fordert, es geht im Funktionalkreis auf und weiß außerhalb der eigenen Bedürfnisse und Bedrohungen kaum etwas von Dingen und Wesen. So hat denn die Natur, weil sei nach Vollständigkeit, und das heißt, auch nach Wahrgenommenheit strebt, nach einem ausgeschaut, dem seine neue Beschaffenheit ermöglichte, das Seiende distanzhaft, als ein jenseits seiner Nöte und Wünsche Bestehendes sich erscheinen zu lassen, es von sich abzuheben und abzusetzen; sie ist erst durch ihn recht eigentlich zur Natur geworden, als zu einer Ganzheit, die Teil um Teil in die Erscheinung zu treten vermag. Nicht bloß mit seinen vitalen Akten, nicht bloß als sich Bewegender, auch als Wahrnehmender gehört der Mensch in die Natur. Meine Wahrnahme ist unbeschadet aller Geisthaftigkeit des Subjektseins ein naturhafter Akt, an dem ich und x teilnehmen.

Gehen wir getrost von x aus, von seinem unergründlichen Dunkel: sein Sein hat Umgang mit meinem Sein, wenn es zu meinen Sinnen die Vertreter entsendet, denen die wissenschaftliche Sprache den zweideutigen Namen von Reizen verliehen hat, und aus unserem Umgang steigen die klarumrissenen Gestalten auf, die farbig und tönend meine Sinnenwelt bevölkern. Sie selber, die Sinnenwelt, steigt aus dem Umgang von Sein mit Sein auf.
Welche Zusammenhänge entsprechen in der Ontik des x den Gestalten dieser unserer Welt? Wir wissen nichts davon. Aber wenn wir in die Lebenstiefe unsrer Wahrnahme schauen, erfahren wir, daß das Gestalten hier wie überall kein Machen ist. Von jedem unvorstellbaren Zusammenhang in der x-Welt schießt eine Vielheit, eben die jener sogenannten Reize, zu uns auf; es ist, als zerfiele er in sie, um zu uns zu gelangen. Hier aber wird jede Vielheit in gestalteten Einheiten aufgefangen, in tiefer Gesellung wirken meine Sinne zusammen – und die einige Linde steht vor mir, ja auch das Rauschen und Duften ist nicht bloß in oder an ihr, sie selber rauscht und duftet, und sie selber ist es, die ich verspüre, wenn meine Hand ihre Rinde betastet. Dem ganz unanschaulichen Zusammenhang in x, der mir begegnet, ist die ganz anschauliche Entsprechung erstanden, die nun an seiner Statt als ein Wesen in der Natur steht, mit ihrem Dasein auf mich und meinesgleichen angewiesen.
Auch noch, wenn ich in der Wüste wandre und nirgends eine Form sich meinem Auge bietet, auch noch wenn ein krasser Lärm mein Ohr trifft, ereignet sich in meiner Wahrnahme Binden und Begrenzen, Gliedern und Rhythmisieren, das Werden gestalteter Einheit. Je wahrer, je existentiell zuverlässiger es sich ereignet, um so mehr wandelt sich in allen Bereichen der Sinne die Betrachtung zur Schau. Schau ist figurierende Treue zum Ungekannten, die im Zusammenwirken mit ihm ihr Werk tut. Sie ist Treue nicht zur Erscheinung, sondern zum Sein – dem unzugänglichen, mit dem wir umgehen. (Der Mensch und sein Gebild, W1, S. 431-434)

Erinnerung tut not

Der Kozker fragte einen Chassid: ›Hast du schon einmal einen Wolf gesehn?‹
›Ja‹, sagte er.
›Und hast du dich vor ihm gefürchtet?‹
›Ja.‹
›Dachtest du da aber daran, daß du Furcht hast?‹

›Nein‹, antwortete der Chassid, ›ich fürchtete mich nur.‹
›So soll man es‹, sprach der Rabbi, ›mit der Furcht Gottes halten.‹ (Furcht, W3, S. 667)

Es ist hergebracht, sich Gut und Böse als zwei Pole, zwei entgegengesetzte Richtungen, die zwei nach und links gestrickte Arme eines Wegweisers zu denken; man versteht sie als der gleichen Ebene des Seins zugehörig, als von gleicher Art, nur eben einander widersprüchlich. Wir müssen, wenn wir nicht Abstraktionen der Ethik, sondern Wesensstände der menschlichen Wirklichkeit im Sinne haben, vorerst mit dieser Konvention aufräumen und die Grundverschiedenheiten der beiden nach Art, Struktur und Dynamik innerhalb der menschlichen Wirklichkeit erkennen. Es empfiehlt sich, mit dem Bösen zu beginnen, da, wie sich noch zeigen wird, im ursprünglichen Stadium, von dem zunächst zu handeln ist, der Wesensstand des Guten den des Bösen in einer gewissen Weise voraussetzt. Nun ist dieses aber zwar in seinen Aktionen und Wirkungen, seinen Mienen und Gebärden auch der extraspektiven Sicht konkret gegeben, in seinem Wesensstande jedoch nur unsrer Introspektion, und nur unser Selbstwissen – das freilich überall und immer der Ergänzung durch unsere Kenntnis des Selbstwissens anderer bedarf – vermag auszusagen, wie es zugeht, wenn man das Böse tut (nur daß wir dieses Selbstwissen viel zu wenig anzuwenden pflegen, wenn wir uns in den Kreisen des Bösen umsehn und dabei doch wohl auch einigermaßen darauf aus sind, es zu verstehen). Da hinwieder solch eine Erfahrung einen hohen Grad von Objektivierung erreicht haben muß, um für die Erkenntnis des Gegenstands brauchbar zu sein, ist es nötig, von der Haltung eines auf sein Leben zurückblickenden Menschen auszugehen, der die unerläßliche Distanz auch zu jenen unter den erinnerten inneren und äußeren Begebnissen gewonnen hat, die für ihn mit der Tatsächlichkeit des Bösen verknüpft sind, dessen Gedächtnis aber die nicht minder erforderliche Kraft und Frische nicht eingebüßt hat. Es ergibt sich aus dem Gesagten, daß er um die existentielle Tatsächlichkeit des Bösen als Bösen wissen, ja daß es ihm um sie spezifisch ernst sein muß. Wer es in einer mehr oder weniger zweifelhaften Sphäre der sogenannten Werte zulänglich unterzubringen gelernt hat, für wen Schuldigwerden nur der zivilisierte Ausdruck für die Übertretung eines Tabu ist, dem keine andere Realität als die Kontrolle der Gesellschaft und in ihrem Gefolge

des ›Über-Ich‹ über das Spiel der Triebe entspricht, ist für das hier gemeinte Geschäft naturgemäß untauglich.
Es ist jedoch, um einem heute jeder Erörterung dieser Art drohenden Mißverständnis vorzubeugen, an dieser Stelle vonnöten, eine wesentliche Abgrenzung vorzunehmen. Um was es hier geht, ist gattungsmäßig verschieden von dem, was man in der modernen Psychologie die Selbstanalyse nennt. Diese, wie im allgemeinen die psychologische Analyse in unserer Zeit, geht darauf aus, ›hinter‹ das Erinnerte zu gelangen, es auf die als ›verdrängt‹ angenommenen Realelemente ›zurückzuführen‹. Uns ist es um die Vergegenwärtigung des so zuverlässig, so konkret und vollständig wie möglich erinnerten, durchaus unreduzierten und unzerlegten Vorgangs zu tun. Selbstverständlich muß man das Gedächtnis dabei von allen je erfolgten Abstrichen und Zutaten, Beschönigungen und Dämonisierungen freimachen; dies aber kann, wem die Konfrontation mit sich selbst, dem wesentlichen Umfang des Vergangenen nach, sich als eine der wirkenden Mächte im Prozeß des ›Werdens zu dem, was man ist‹ erwiesen hat. Führend in diesem Werk der großen Reflexion wird ihm die unvergessene Reihe jener Momente elektrischer Spontaneität sein, da unversehens das Wetterleuchten des Gewesenen am Himmel des Jetzt aufzog. (Bilder von Gut und Böse, W1, S. 638f.)

Glaube

In jüngeren Jahren war mir das ›Religiöse‹ die Ausnahme. Es gab Stunden, die aus dem Gang der Dinge herausgenommen wurden. Die feste Schale des Alltags wurde irgendwoher durchlöchert. Da versagte die zuverlässige Stetigkeit der Erscheinungen; der Überfall, der geschah, sprengte ihr Gesetz. Die ›religiöse Erfahrung‹ war die Erfahrung einer Anderheit, die in den Zusammenhang des Lebens nicht einstand. Das konnte mit etwas Geläufigem beginnen, mit der Betrachtung irgendeines vertrauten Gegenstandes, der dann aber unversehens heimlich und unheimlich wurde, zuletzt durchsichtig in die Finsternis des Geheimnisses selber mit ihren zuckenden Blitzen. Doch konnte auch ganz unvermittelt die Zeit zerreißen, – erst der feste Weltbau, danach die noch festere Selbstgewißheit versprühte, und man, das wesenlose Man, das man eben nur noch, wurde war, das man nicht mehr wußte, wurde der Fülle ausgeliefert. Das ›Religiöse‹ hob einen heraus. Drüben war nun die gewohnte Existenz mit ihren Geschäften, hier aber waltete Entrückung, Erleuchtung, Verzückung, zeitlos, folgelos. Das eigene Dasein umschloß also ein Dies- und ein Jenseits, und es gab kein Band außer jeweils dem tatsächlichen Augenblick des Übergangs.

Die Unrechtmäßigkeit einer solchen Aufteilung des auf Tod und Ewigkeit zuströmenden Zeitlebens, das sich ihnen gegenüber nicht anders erfüllen kann, als wenn es eben seine Zeitlichkeit erfüllt, ist mir durch ein Ereignis des Alltags aufgegangen, ein richtendes Ereignis, richtend mit jenem Spruch geschlossener Lippen und unbewegten Blicks, wie ihn der gängige Gang der Dinge zu fällen liebt.

Es ereignete sich nichts weiter, als daß ich einmal, an einem Vormittag nach einem Morgen ›religiöser‹ Begeisterung, den Besuch eines unbekannten jungen Menschen empfing, ohne mit der Seele dabei zu sein. Ich ließ es durchaus nicht an einem freundlichen Entgegenkommen fehlen, ich behandelte ihn nicht nachlässiger als alle seine Altersgenossen, die mich um diese Tageszeit wie ein Orakel das mit sich reden läßt aufzusuchen pflegten, ich unterhielt mich mit ihm aufmerksam und freimütig – und unterließ nur, die Frage zu erraten, die er nicht stellte. Diese Frage habe ich später, nicht lange darauf, von einem seiner Freunde – er selber lebte schon nicht mehr – ihrem wesentlichen Gehalt nach erfahren, habe erfahren, daß er nicht beiläufig, sondern schicksalhaft zu mir gekommen war, nicht um Plauderei, sondern um Entscheidung gerade zu mir, gerade in dieser Stunde. Was erwarten wir, wenn wir verzweifeln und doch noch zu einem Menschen gehen? Wohl eine Gegenwärtigkeit, durch die uns gesagt wird, daß es ihn dennoch gibt, den Sinn.

Seither habe ich jenes ›Religiöse‹, das nichts als Ausnahme ist, Herausnahme, Heraustritt, Ekstasis, aufgegeben oder es hat mich aufgegeben. Ich besitze nichts mehr als den Alltag, aus dem ich nie genommen werde. Das Geheimnis tut sich nicht mehr auf, es hat sich entzogen oder es hat hier Wohnung genommen, wo sich alles begibt wie es sich begibt. Ich kenne keine Fülle mehr als die Fülle jeder sterblichen Stunde an Anspruch und Verantwortung. Weit entfernt ihr gewachsen zu sein, weiß ich doch, daß ich im Anspruch angesprochen werde und in der Verantwortung antworten darf, und weiß, wer spricht und Antwort heischt.

Viel mehr weiß ich nicht. Wenn das Religion ist, so ist sie einfach *alles*, das schlichte gelebte Alles in seiner Möglichkeit der Zwiesprache.

Hier ist Raum auch für ihre höchsten Gestalten. Wie wenn du betest und dich damit nicht von diesem deinem Leben entfernst, sondern eben es meinst du betend, und sei es auch nur es herzugeben, so auch im Unerhörten und Überfallenden, wenn du von Oben angerufen wirst, angefordert, erwählt, ermächtigt, gesandt: du mit diesem deinem sterblichen Stück Leben bist gemeint, dieser Augenblick ist nicht davon herausgenommen, er lehnt sich ans Gewesene an und winkt dem noch zu lebenden Rest, du wirst nicht in einer unverbindlichen Fülle verschlungen, du wirst gewollt für die Verbundenheit.

Wir werden in den Zeichen des widerfahrenden Lebens angeredet. Wer redet?
Es würde uns nicht frommen, zur Entgegnung die Vokabel Gott herzusetzen, wenn wirs nicht von jener entscheidenden Stunde der persönlichen Existenz aus tun, wo wir alles vergessen mußten, was wir von Gott zu wissen wähnten, nichts Überkommenes, nichts Gelerntes, nichts Selbstersonnenes behalten durften, keinen Fetzen Wissen, und eingetaucht wurden in die Nacht.
Wenn wir aus ihr ins neue Leben steigen und darin die Zeichen zu empfangen beginnen, was können wir von dem wissen, das – der sie uns gibt? Nur was wir jeweils aus den Zeichen selber erfahren. Nennen wir den Sprecher dieser Sprache Gott, so ist es immer der Gott eines Augenblicks, ein Augenblicksgott.
Ich will nun einen linkischen Vergleich gebrauchen, weil ich keinen rechten kenne.
Wenn wir ein Gedicht wirklich aufnehmen, wissen wir von dem Dichter nur das, was wir daraus von ihm erfahren – keine biographische Weisheit taugt zur reinen Aufnahme des Aufzunehmenden: das Ich, das uns angeht, ist das Subjekt dieses einzigen Gedichts. Wenn wir aber in der gleichen getreuen Weise andre Gedichte dieses Dichters lesen, schließen sich ihre Subjekte doch in all ihrer Mannigfaltigkeit, einander ergänzend und bestätigend, zu dem einen polyphonen Dasein der Person zusammen.
Es ersteht uns aus den Gebern der Zeichen, den Sprechern der Sprüche im gelebten Leben, aus den Augenblicksgöttern identisch der Herr der Stimme, der Eine. (Zwiesprache, W1, S. 186-189)

Der Du-Sinn des Menschen, dem aus den Beziehungen zu allem einzelnen Du die Enttäuschung des Erwerdens widerfährt, strebt über sie alle hinaus und doch nicht hinweg seinem ewigen Du zu. Nicht wie man etwas sucht: es gibt in Wahrheit kein Gott-Suchen, wie es nichts gibt, wo man ihn nicht finden könnte. Wie töricht und hoffnungslos wäre einer, der vom Weg seines Lebens abwiche, um Gott zu suchen: ob er auch alle Weisheit der Einsamkeit und alle Macht der Sammlung gewänne, ihn verfehlte er. Vielmehr ist es, wie wenn einer seines Wegs geht und nur eben wünscht, es möchte *der* Weg sein; in der Kraft seines Wunsches äußert sich sein Streben. Jedes Beziehungsereignis ist eine Station, die ihm einen Blick in das erfüllende auftut; so ist er in allen des einen unteilhaftig, aber teilhaftig auch, weil er gegenwärtig ist. Gewärtig, nicht suchend, geht er eines Wegs; daher hat er die Gelassenheit zu allen Dingen und die Berührung, die ihnen hilft. Aber wenn er gefunden hat, ist sein Herz ihnen nicht abgewandt, ob ihm nun auch alles in einem begegnet. Es segnet alle Zellen, die ihn beherbergt haben, und alle, in denen er noch einkehren wird. Denn dieses Finden ist nicht ein Ende ist nicht ein Ende des Wegs, nur seine ewige Mitte.
Es ist ein Finden ohne Suchen; ein Entdecken dessen, was das Ursprünglichste und der Ursprung ist. Der Du-Sinn, der sich nicht ersättigen kann, bis er das unendliche Du findet, hatte es vom Anfang sich gegenwärtig: die Gegenwart mußte ihm nur ganz wirklich werden, aus der Wirklichkeit des geheiligten Weltlebens.
Es ist nicht so, daß Gott aus irgend etwas erschlossen werden könnte, etwa aus der Natur als ihr Urheber, oder aus der Geschichte als ihr Lenker, oder auch aus dem Subjekt als das Selbst, das sich in ihm denkt. Es ist nicht so, daß irgend etwas anderes ›gegeben‹ und dies erst daraus abgeleitet wäre, sondern dies ist das uns unmittelbar und zunächst und dauernd gegenüber Wesende: das rechtmäßig nur angesprochen, nicht ausgesagt werden kann. (Ich und Du, W1, S. 131f.)

Das ist der ewige Ursprung der Kunst, daß einem Menschen Gestalt gegenübertritt und durch ihn Werk werden will. Keine Ausgeburt seiner Seele, sondern Erscheinung, die an die tritt und von ihr die wirkende Kraft erheischt. Es kommt auf eine Wesenstat des Menschen an: vollzieht er sie, spricht er mit seinem Wesen das Grundwort zu der erscheinenden Gestalt, dann strömt die wirkende Kraft, das Werk entsteht.

Die tat umfaßt ein Opfer und ein Wagnis. Das Opfer: Die unendliche Möglichkeit, die auf dem Altar der Gestalt dargebracht wird; alles, was eben noch spielend die Perspektive durchzog, muß ausgetilgt werden, nichts davon darf ins Werk dringen; so will es die Ausschließlichkeit des Gegenüber. Das Wagnis: Das Grundwort kann nur mit dem ganzen Wesen gesprochen werden; wer sich drangibt, darf von sich nichts vorenthalten; und das Werk duldet nicht, wie Baum und Mensch, daß ich in der Entspannung der Es-Welt einkehre, sonders es waltet: – diene ich ihm nicht recht, so zerbricht es, oder es zerbricht mich.

Die Gestalt, die mir entgegentritt, kann ich nicht erfahren und nicht beschreiben; nur verwirklichen kann ich sie. Und doch schaue ich sie, im Glanz des Gegenüber strahlend, klarer als alle Klarheit der erfahrenen Welt. Nicht als ein Ding unter den ›inneren‹ Dingen, nicht als ein Gebild der ›Einbildung‹, sondern als das Gegenwärtige. Auf die Gegenständlichkeit geprüft, ist die Gestalt gar nicht ›da‹; aber was wäre gegenwärtiger als sie? Und wirkliche Beziehung ist es, darin ich zu ihr stehe: sie wirkt an mir wie ich an ihr wirke.

Schaffen ist Schöpfen, Erfinden ist Finden. Gestaltung ist Entdeckung. Indem ich verwirkliche, decke ich auf. Ich führe die Gestalt hinüber – in die Welt des Es. Das geschaffene Werk ist ein Ding unter Dingen, als eine Summe von Eigenschaften erfahrbar und beschreibbar. Aber dem empfangend Schauenden kann es Mal um Mal leibhaft gegenübertreten.

*

- Was erfährt man also vom Du?
- Eben nichts. Denn man erfährt es nicht.
- Was weiß man also vom Du?
- Nur alles. Denn man weiß von ihm nichts Einzelnes mehr.

*

Das Du begegnet mir von Gnaden – durch Suchen wird es nicht gefunden. Aber daß ich zu ihm das Grundwort spreche, ist Tat meines Wesens, meine Wesenstat.

Das Du begegnet mir. Aber ich trete in die unmittelbare Beziehung zu ihm. So ist die Beziehung Erwähltwerden und Erwählen, Passion und Aktion in einem. Wie denn eine Aktion des ganzen Wesens, als die Aufhebung aller Teilhandlungen und somit aller – nur in deren Grenzhaftigkeit gegründeter – Handlungsempfindungen, der Passion ähnlich werden muß.

Das Grundwort Ich-Du kann nur mit dem ganzen Wesen gesprochen werden. Die Einsammlung und Verschmelzung zum ganzen Wesen kann die durch mich, kann nie ohne mich geschehen. Ich werde am Du; Ich werdend spreche ich Du.
Alles wirkliche Leben ist Begegnung. (Ich und Du, W1, S. 83ff.)

Die Utopie beginnt jetzt

Der Begriff der Verantwortung ist aus dem Gebiet der Sonderethik, eines frei in der Luft schwebenden ›Sollens‹, in das des gelebten Lebens zurückzuholen. Echte Verantwortung gibt es nur, wo es wirkliches Antworten gibt.
Antworten worauf?
Auf das, was einem widerfährt, was man zu sehen, zu hören, zu spüren bekommt. Jede konkrete Stunde mit ihrem Welt- und Schicksalsgehalt, die der Person zugeteilt wird, ist dem Aufmerkenden Sprache. Dem Aufmerkenden; denn mehr als dessen bedarf es nicht, um mit dem Lesen der einem gegebenen Zeichen anzuheben. Eben deshalb ist, wie ich schon angedeutet habe, der ganze Apparat unserer Zivilisation erforderlich, um den Menschen vor diesem Aufmerken und seinen Folgen zu bewahren. Der Aufmerkende nämlich würde mit der Situation, die ihn in diesem Augenblick antritt, nicht mehr, wie er gewohnt ist, im nächsten ›fertig werden‹: er wäre aufgefordert, auf sie und in sie einzugehen. Und dabei würde ihm nichts helfen, was er als stets Verwendbares zu besitzen glaubte, keine Kenntnis und keine Technik, kein System und kein Programm, denn nun hätte er es mit dem Uneinreihbaren, eben mit der Konkretion selber zu tun. Diese Sprache hat kein Alphabet, jeder ihrer Laute ist eine neue Schöpfung und nur als solche zu erfassen.
Es wird also dem Aufmerkenden zugemutet, daß er der geschehenden Schöpfung standhalte. Sie geschieht als Rede, und nicht als eine über die Köpfe hinbrausende, sondern als die eben an ihn gerichtete; und wenn einer einen andern fragte, ob auch er höre, und der bejahte, hätten sie sich nur übe ein Erfahren und nicht über ein Erfahrnes verständigt.
Die Laute aber, aus denen die Rede besteht – ich wiederhole es, um das vielleicht doch noch mögliche Mißverständnis zu beseitigen, ich meinte etwas Außerordentliches und Überlebensgroßes –, sind die Begebenheiten des persönlichen Alltags. In ihnen werden wir angeredet, wie sie nun sind, ›groß‹

oder ›klein‹, und die als groß geltenden liefern nicht größere Zeichen als die andern.
Damit, daß wir ihrer innewerden, ist jedoch unsere Haltung noch nicht entschieden. Immer noch können wir das Schweigen um uns schlagen – eine für einen bedeutenden Typus des Zeitalters charakteristische Entgegnung – oder in die Gewöhnung ausweichen; obwohl wir beidemal durch keine Produktivität und durch keine Betäubung zu vergessende Wunde davontragen. Doch es kann geschehen, daß wir zu antworten uns unterfangen, stammelnd etwa, zu sicherer Artikulation langt uns nur selten die Seele zu, aber es ist ein rechtschaffenes Stammeln, wie wenn zwar Sinn und Kehle einig sind in dem, was zu sagen ist, aber die Kehle darüber zu erschrocken, um den schon geschlichteten Sinn rein auszutönen. Die Worte unserer Antwort sind in der wie die Anrede unübersetzbaren Sprache des Tuns und des Lassens gesprochen, – wobei das Tun sich wie ein Lassen und das Lassen wie ein Tun gebärden darf. Was wir so mit dem Wesen sagen, ist unser Eingehen auf die Situation, in die Situation, sie, die uns eben jetzt angetreten hat, deren Erscheinung wir nicht kannten und nicht kennen konnten, weil es ihresgleichen noch nicht gegeben hat.
Wir werden nun mit ihr nicht fertig, darauf haben wir verzichten müssen, nie ist mit einer Situation, deren man inne ward, fertig zu werden, aber wir bewältigen sie in die Substanz des gelebten Lebens ein. So erst, dem Augenblick treu, erfahren wir ein Leben das etwas anderes als eine Summe von Augenblicken ist. Dem Augenblick antworten wir, aber wir antworten zugleich für ihn, wir verantworten ihn. Ein neuerschaffenes Weltkonkretum ist uns in die Arme gelegt worden; wir verantworten es. Ein Hund hat dich angesehen, du verantwortest seinen Blick, ein Kind hat deine Hand ergriffen, du verantwortest seine Berührung, eine Menschenschar regt sich um dich, du verantwortest ihre Not. (Zwiesprache, W1, S. 189f.)

Von der Unersättlichkeit zur Nüchternheit

Das siebte geistig-seelische Bild des Bösen ist die Unersättlichkeit. Der Mensch, der dieser Kraft folgt, meint, durch die Menge seiner guten Taten unentschiedene Situationen meistern zu können. Er überschätzt sich dabei. Die größte Verhinderungskraft liegt darin, dass der Unersättlichkeits-Mensch die vielen echten Unterschiede zwischen seinen Mitmenschen nicht sehen und damit ihre jeweilige Wirkungskraft und Beziehungsdynamik nicht annehmen will. Dieser Mensch meint sogar, ohne die konkrete Welt leben zu können. Dabei sind die Mitmenschen miteingeschlossen. Ist er einerseits blind für seine tatsächliche Abhängigkeit von der Welt und seinen Mitmenschen, meint er ganz ohne zwischenmenschlichen Kontakt leben zu können. Doch die Haltung führt zu einem Gefühl, in der Welt verloren zu sein. Um dies nicht zu erspüren, versucht ein Unersättlichkeits-Mensch, die Welt zu planen. Allerdings wird er feststellen müssen, die alleinige Entscheidungsmacht nicht zu besitzen. Wenn er allerdings die Welt so annimmt, wie sie ist, kann er überraschenderweise sehen, in welchen guten Beziehungsnetzen er zur Welt und zu seinen Mitmenschen eigentlich schon längst lebt.
Zur Nüchternheit gelangt ein Unersättlichkeits-Mensch, wenn er seine persönlichen Probleme wirklich begreift. Erst dann kann er sich auch ernsthaft den Problemen seiner Mitmenschen zuwenden. Nüchtern ist er in dem Augenblick, wenn er nicht mehr vor seiner inneren Welt flieht. Infolgedessen beinhaltet der erste Schritt nach der chassidischen Lehre die wirkliche Anerkennung, dass es eine *Spannung zwischen Sicherheit und Gefahr* im Leben gibt. Dazu gehört, sich selbst als ein reales, persönliches Selbst anzunehmen. Ein Unersättlichkeits-Mensch muss einsehen, dass es einerseits ein *Schicksal* gibt und anderseits eine *ungewisse Wahrheit,* was die Zukunft betrifft. In den Abgrund schauen zu können wird den unersättlichen Trieb zum Schweigen bringen. Danach erlebt dieser Mensch, die ernüchternde *Wahrheit in der Truhe des schweren Lebens* zu entdecken.

Wirklichkeit zulassen

Sicherheit – so nanntest du den Atem deines ersten Lebens. Aber das war nicht die Sicherheit jener, die sich bewahren und sich auskennen. Das war die Sicherheit des Schlafwandlers. Kinder sind Schlafwandler in der Welt. Sie gehen durch alle Abgründe ungefährdet, denn sie sehen sie nicht. Traumhaft ist die Richtung bei ihnen, die ihre Schritte lenkt, traumhaft der Sinn, in dem sich ihnen alles erfüllt. Traumhaft realisieren sie ihr Erlebnis. Ihnen ist es vergönnt, ohne Wagnis zu realisieren, weil sie die innere Zweiheit nicht gewahren und daher auch alle Dinge sich ihnen unentzweit darbieten. Alles stimmt ihnen wie ein Reigen, und der Widerspruch selber spielt mit. Wenn Gott ihnen erscheinen will, muß er sich als fahrender Musikant verkleiden und ein närrisches Gesicht machen.

Dann kommt die Stunde des Erwachens. Sie kann spät kommen. Es gibt Menschen, deren realisierende Kraft so groß ist, daß sie in ihrer ersten Gestalt, der traumhaften Einfalt, die Kindheit überdauert. Gleichviel: es geschieht, daß einer den Abgrund, den er unzählige Male durchschritten hat, unversehens zu seinen Füßen erblickt. Den Abgrund des Widerspruchs und des Gegensatzes: den Abgrund der tausendnamigen immanenten Dualität aller Dinge. Es ruft ihn aus der Tiefe an; und da erkennt er, daß es einem Abgrund in ihm selber antwortet, tausendnamig auch er: dem Abgrund der inneren Zweiheit. So erschrickt er. Und in seinem Schrecken stellt sich die Wahl ihm dar: wem er die Macht gebe, der Orientierung oder der Realisierung. Es geht nicht darum, daß er sich ungeteilt der einen überliefre: keine kann ohne die andre bestehn; es geht um die Herrschaft. Die Orientierung verspricht ihm die Sicherheit. Die Realisierung hat nichts zu versprechen. Sie sagt: Wenn du mein werden willst, mußt du in diesen Abgrund niedersteigen. Was Wunder, wenn sich der Währende der freundlicheren Herrin übergibt und der andern nur noch hin und wieder, in den seltnen Stunden der Selbstbesinnung, einen wehmütigen Blick zuwirft?

Du hast entschieden, Reinold, wem du nicht folgen willst. So hast du auch schon entschieden, wem du folgen willst. Du wußtest von je, was du tun sollst, und weißt es auch jetzt; denn die Richtung ist bei dir wie von je. Aber dies ist die Zeit, da ihre erste, traumhafte Kraft zu Ende ist und ihre zweite, wache Kraft anheben will. Da steht sie zag und versonnen, als horche sie auf einen fernen Ruf. Doch daß du heute zu mir gesprochen hast, das ist ihr erster neuer Schritt. Nun kennt sie wieder ihren Weg.

Geborsten erschien dir der Sinn, Reinold. Das ist, weil er sich erneuern will. In dem träumenden Herzen war ein wagendes beschlossen; das will nun auferstehn: will aus seinem Larvenleben zu einem beflügelten Leben erwachen. Im Licht des Sinns war dir die Zweiheit der Welt umfaßt; sie trat dir aus ihm;

nun sollst du sie neu im auferstehenden Licht umfassen. So ist dir der Sinn wiedergeboren; und nichts kann ihn hinfort versehren.

Traumhaft war bislang die Ruhe deines Werdens, und nun wurde sie verstört von Unrast und Irregang. Du mußt sie wiedergewinnen, und als eine Erwachte. Sie hatte leichte Füße und einen blumenhaften Blick und wußte nichts von Gefahr. Nun wirst du mit ihr hinausziehen und die Gefahren heimsuchen. Und von jedem Gang wird sie mit stärkeren Sehnen und festeren Augen kehren. Aber sie getrost: ihr Fuß wird den Tanz und ihr Blick die Liebkosung nicht verlernen.

Gefahr, Gefahr, Gefahr: das ist fortan deine Bahn. ›Gott und die Träume‹, so geht ein Lied, Reinold, das Lied der seligen Frühe. Aber sein Spruch sei: Gott und die Gefahr. Denn die Gefahr ist die Pforte der tiefen Wirklichkeit, und Wirklichkeit ist der höchste Preis des Lebens und Gottes ewige Geburt.

Und wenn mich die Dichter der Zeiten umträten und alle fragten mich: ›Habe ich nicht das schönste Land erdacht?‹ so würde ich antworten: Das schönste Leben, das erdacht wurde, ist das Leben des Ritters Don Quijote, der die Gefahr, wo er sie nicht fand, sich erschuf. Aber schöner noch ist das gelebte Leben dessen, der die Gefahr allerorten findet, wo sie zu finden ist; und sie ist allerorten zu finden. Alles Schaffen steht am Rande des Seins; alles Schaffen ist Wagnis. Wer nicht seine Seele wagt, kann den Schöpfer nur äffen.

Aufrecht und gewärtig, aufgetan und anheimgegeben, in der Ruhe deines Werdens lebe, Reinold, und liebe die Gefahr. Du hast keine Sicherheit in der Welt, aber du hast die Richtung und den Sinn, und Gott, der verwirklicht werden will, der Wagenden Gott ist dir allzeit nah.

Und dies ist deine *nächste* Gefahr: steige in den Abgrund nieder! Realisiere ihn! Erkenne sein Wesen, die tausendnamige, namenlose Polarität alles Seins, zwischen Stück und Stück der Welt, zwischen Ding und Ding, zwischen Bild und Wesen, zwischen Welt und dir, zuinnerst in dir selber, allerorten, mit ihren schwingenden Spannungen und ihrer strömenden Gegenseitigkeit. Erkenne die Zeichen des Urwesens in ihr. Und erkenne, daß sie deine Aufgabe ist: Einheit zu schaffen aus deiner und aller Zweiheit, Einheit zu setzen in die Welt; nicht Einheit der Mischung, wie sie der Sichere fabelt: vollendende Einheit aus Spannung und Strom, wie sie der polaren Erde taugt – daß Gottes des Verwirklichten Antlitz leuchte aus Spannung und Strom. Erkenne aber auch, daß diese die unendliche Aufgabe ist; und daß hier kein Einfürallemal gilt, sondern daß du ewig neu niedersteigen mußt in den wandlungsmächtigen Abgrund, ewig neu die Seele wagen, ewig neu angelobt der heiligen Unsicherheit. (Daniel. Gespräche von der Verwirklichung, W1, S. 43-46)

Schmerzen gehören dazu

Wohl dürfen wir in dieser Beschaffenheit eine Erkrankung des Menschengeschlechts erblicken, aber wir dürfen uns nicht vortäuschen, die Krankheit sei durch Sprüche zu heilen, die besagen, es sei all das nicht so, wie der Kranke es sich vorstelle. Es ist ein müßiges Beginnen, einer Menschheit, die ewigkeitsblind geworden ist, zuzurufen: ›Seht da, die ewigen Werte!‹ Überall sind heute Scharen um Scharen von Menschen in die Hörigkeit von Kollektiven verfallen, von denen jedes für die ihm Hörigen die höchste Instanz ist; es gibt keine den Kollektiven übergeordnete, universale Souveränität mehr in der Idee, im Glauben, im Geist; die Bewertungen, Verfügungen, Entscheidungen des Kollektivs sind inappellabel. Das gilt nicht etwa bloß für totalitäre Staaten, sondern auch für Parteien, und parteiähnliche Gruppengebilde in den sogenannten Demokratien. Menschen, die sich so an den kollektiven Moloch verloren haben, kann man aus dieser Verlorenheit nicht durch einen, noch so beredten, Hinweis auf das Absolute ziehen, dessen Königtum der Moloch usurpiert. Man muß damit beginnen, sie auf den Bezirk hinzuweisen, in dem sie selber von Zeit zu Zeit, in Stunden, wo einer ganz allein mit sich ist, die Erkrankung in jähen Schmerzen verspüren: auf das Verhältnis des Einzelnen zu seinem eigenen Selbst. Um in eine persönliche Beziehung zum Absoluten eintreten zu können, muß man erst wieder eine Person sein; man muß das reale persönliche Selbst aus dem feurigen Rachen des alle Selbstheit verschlingenden Kollektivismus retten. Das Verlangen danach birgt sich in dem Schmerz des Einzelnen um das verstörte Verhältnis zu seinem eigenen Selbst; er betäubt den Schmerz mit einem feinen Gift immer neu und hält so auch das Verlangen nieder. Den Schmerz wachzuhalten, das Verlangen zu erwecken ist die erste Aufgabe eines jeden, den die Verdunklung der Ewigkeit leiden macht. (Über Charaktererziehung, W1, S. 824f.)

Es gibt Grenzen

In der Eswelt waltet uneingeschränkt die Ursächlichkeit. Jeder sinnlich wahrnehmbare ›physische‹, aber auch jeder in der Selbsterfahrung vorgefundene oder gefundene ›psychische‹ Vorgang gilt mit Notwendigkeit als verursacht und verursachend. Davon sind auch die Vorgänge, denen der Charakter einer Zwecksetzung beigemessen werden darf, als Bestandteile des Eswelt-Kontinuums nicht ausgenommen: dieses verträgt wohl eine Teleologie, aber nur als den in einen Teil der Kausalität eingewirkten Revers, der deren zusammenhängende Vollständigkeit nicht beeinträchtigt.

Das uneingeschränkte Walten der Ursächlichkeit in der Eswelt, für das wissenschaftliche Ordnen der Natur von grundlegender Wichtigkeit, bedrückt den Menschen nicht, der auf die Eswelt nicht eingeschränkt ist, sondern ihr immer wieder in die Welt der Beziehung entschreiten darf. Hier stehen Ich und Du einander frei gegenüber, in einer Wechselwirkung, die in keine Ursächlichkeit einbezogen und von keiner tingiert ist; hier verbürgt sich dem Menschen die Freiheit seines und des Wesens. Nur wer Beziehung kennt und um die Gegenwart des Du weiß, ist sich zu entscheiden befähigt. Wer sich entscheidet, ist frei, weil er vor das Angesicht getreten ist.

Die feurige Materie all meines Wollenkönnens unbändig wallend, all das mir Mögliche vorwelthaft kreisend, verschlungen und wie untrennbar, die lockenden Blicke der Potenzen aus allen Ende flackernd, das All als Versuchung, und ich, im Nu geworden, beide Hände ins Feuer, tief hinein, wo die eine sich verbirgt, die mich meint, meine Tat, ergriffen: Nun! Und schon ist die Drohung des Abgrunds gebannt, nicht mehr spielt das kernlos Viele in der schillernden Gleichheit seines Anspruchs, sondern nur noch Zwei sind nebeneinander, das Andere und das Eine, der Wahn und der Auftrag. Nun aber erst hebt die Verwirklichung in mir an. Denn nicht das hieße entschieden haben, wenn das Eine getan würde und das Andere bliebe gelagert, erloschne Masse, und verschlackte mir die Seele Schicht auf Schicht. Sondern nur wer die ganze Kraft des Anderen einlenkt in das Tun des Einen, wer in das Wirklichwerden des Gewählten die unverkümmerte Leidenschaft des Ungewählten einziehen läßt, nur wer ›Gott mit dem bösen Triebe dient‹, entscheidet sich, entscheidet das Geschehen. Hat man dies verstanden, so weiß man auch, daß eben dies das Gerechte zu nennen ist, das Gerichtete, wozu sich einer richtet und entscheidet; und gäbe es einen Teufel, so wäre es nicht, der sich gegen Gott, sondern der sich in der Ewigkeit nicht entschied.

Den Menschen, dem die Freiheit verbürgt ist, bedrückt die Ursächlichkeit nicht. Er weiß, daß sein sterbliches Leben seinem Wesen nach ein Schwingen

zwischen Du und Es ist, und spürt dessen Sinn. Es genügt ihm, die Schwelle des Heiligtums, darin er nicht verharren könnte, immer wieder betreten zu dürfen; ja, daß er es immer wieder verlassen muß, gehört ihm innig zum Sinn und zur Bestimmung dieses Lebens. Dort, an der Schwelle, entzündet sich in ihm immer neu die Antwort, der Geist; hier, im unheiligen und bedürftigen Land, hat sich der Funke zu bewähren. Was hier Notwendigkeit heißt, kann ihn nicht schrecken; denn er hat dort die wahre erkannt, das Schicksal.
Schicksal und Freiheit sind einander angelobt. Dem Schicksal begegnet nur, wer die Freiheit verwirklicht. Daß ich die Tat, die mich meint, entdeckte, darin, in der Bewegung meiner Freiheit offenbart sich mir das Geheimnis; aber auch, daß ich sie nicht so, wie ich es meinte, vollbringen kann, auch in dem Widerstand offenbart sich mir das Geheimnis. Wer alles Verursachtsein vergißt und sich aus der Tiefe entscheidet, wer Gut und Gewand von sich tut und bloß vor das Angesicht tritt: dem Freien schaut, als das Gegenbild seiner Freiheit, das Schicksal entgegen. Es ist nicht seine Grenze, es ist seine Ergänzung; Freiheit und Schicksal umfangen einander zum Sinn; und im Sinn schaut das Schicksal, die eben noch so strengen Augen voller Licht, wie die Gnade selber drein. (Ich und Du, W1, S. 112ff.)

Ich sage also, daß der Einzelne, das heißt der verantwortlich Lebende, auch seine politischen Entscheidungen jeweils nur von jenem Grunde seines Daseins, an dem er des Geschehens als der göttlichen Rede an ihn inne wird, rechtmäßig vollziehen kann, und daß er, wenn er diese Gewärtigkeit des Grundes sich von seiner Gruppe abschnüren läßt, Gott die aktuelle Erwiderung verweigert.
Mit ›Individualismus‹ hat das, wovon ich spreche, nichts zu schaffen. Ich halte das Individuum weder für den Ausgangs- noch gar für den Zielpunkt menschlicher Welt. Aber ich halte die menschliche Person für den unverschiebbaren zentralen Platz des Kampfes zwischen der Bewegung der Welt von Gott weg und ihrer Bewegung auf Gott zu. Dieser Kampf begibt sich heute zu einem unheimlich großen Teil im Bereich des öffentlichen Lebens, natürlich nicht zwischen Gruppe und Gruppe, sondern im Innern einer jeden; aber die Entscheidungsschlachten auch dieses Bereichs werden in der Tiefe der Person, Grund und Abgrund, geschlagen.
Die Generation ist bestrebt, sich dem fordernden Immer-wieder solches Verantwortensollens durch die Flucht in ein schützendes Ein-für-allemal zu ent-

ziehen. Auf den Freiheitsdusel des nächstvergangenen Geschlechts ist die Fesselungssucht des gegenwärtigen gefolgt, auf die Untreue des Rausches die Untreue der Hysterie. Treu dem Einen Seienden ist einzig, wer sich gebunden weiß an seinen Standort – und eben da frei zur eigenen Verantwortung. Nicht anders als aus so Gebundenen und Freien kann noch ein Gebild entstehen, das wahrhaft Gemeinschaft genannt werden darf. Aber heute schon kann der gläubige Mensch, wenn er einer Sache anhangt, die sich in einer Gruppe darstellt, daran recht tun, sich der anzuschließen; aber ihr angehörend muß er mit seinem ganzen Leben, also auch mit seinem Gruppenleben dem Einen botmäßig bleiben, der sein Herr ist. Das wird zuweilen seine verantwortende Entscheidung gegen eine etwa taktische seiner Gruppe setzen, zuweilen ihn bewegen, den Kampf für die Wahrheit, die menschliche, die ungewiß-gewisse Wahrheit, die das tiefe Gewissen ihm schöpft, in die Gruppe selber zu tragen und damit eine innere Front in ihr aufzurichten oder zu verstärken. Diese kann – da sie, wenn überall aufrecht und stark, als eine heimliche Einheit quer durch alle Gruppen liefe – für die Zukunft unserer Welt wichtiger werden als alle Fronten, die heute zwischen Gruppe und Gruppe, Gruppenverband und Gruppenverband sich ziehen.

Was jeweils das Rechte ist, kann keine der heute bestehenden Gruppen anders erfahren, als daß Menschen, die ihr angehören, die eigene Seele, dransetzen es zu erfahren und es sodann, sei es noch so bitter, den Gefährten eröffnen – schonend, wenn es sein darf, grausam, wenn es sein muß. In dieses Feuerbad taucht die Gruppe Mal um Mal oder sie stirbt den inneren Tod. Und fragt einer immer noch, ob man denn auf diesem steilen Pfad sicher sei das Rechte zu finden: noch einmal, nein, es gibt keine Sicherheit. Es gibt nur eine Chance; aber es gibt keine andere als diese. Das Wagnis sichert uns die Wahrheit nicht; es führt uns nur in ihren Atemraum, und es allein. (Die Frage an den Einzelnen, W1, S. 249)

Angst anerkennen

In diesem Frühjahr kam ich auf der Heimreise aus dem Süden an einem Abend in Spezia an. Ich hatte die Nacht durch weiterfahren wollen, aber der Blick des Meeres war so stark, daß es mir töricht vorkam, ihm mit meiner Absicht trotzen zu wollen. Ich stieg aus, ging zum Hafen, nahm ein kleines Boot und ruderte hinaus. Es war Neumond, aber aus den Tiefen über mir brauste der Chor der südlichen Sterne auf mich nieder; mein Ruder schnitt dunkle Flut und verhohlenen Glanz; die Schrankenlosigkeit war das Bett meiner Seele, Himmel, Nacht und Meer ihre Kissen. Es war eine der Stunden, in denen wir, was wir tun, nicht stärker mehr wissen, als was es um uns und mit uns tut. So wurde mir, als ich jetzt das Boot wandte und der Küste zukehrte, die Handlung meiner Hände kaum bewußt. Nun sah ich lässig auf – und erschrak. Alles, was ich eben noch besaß, war verschwunden. Aus stummer Unendlichkeit glotzte ein Heer von Irrlichtern in taube Unendlichkeit, drohend öffneten und schlossen sich rings um mich tausend feuchte Lippen in einem grausamen Lächeln, und in meinem Nacken wuchs, finster und fühlbar wie ein Verrat, die Gegenwart des nächtigen Wesens. Wo das Bett meiner Seele gewesen war, was das Nichts; verführt, verraten, verstoßen hing sie im Grauen der Nacht zwischen Meer und Himmel. Ich verstand nicht, aber ich spannte mich zur Wehr: ich bin da, ich bin da, rief ich, und du kannst mich nicht vernichten; und spürte Kraft in Schultern und Schenkeln zugleich, und griff, die Füße festgestemmt, mit den Rudern aus: zur Küste! Da fuhr, mich zwingend, den Kopf zu wenden, ein schriller Lichtstreif über ein Stück der Küste hin und riß es los. Schamlos stand es aus dem Dunkel herausgereckt und brüllte den Wahnsinn seiner Deutlichkeit über die Flut hinaus. Deutlichkeit – aber ich erkannte es nicht; frech und fremd sprang es aus der Nacht wie aus einem schwarzen Haustor. Und schon verschlang die Nacht es wieder; und einen Augenblick konnte ich mich fassen und *wußte* alles: den nahenden Sturm und den Kreuzer da drüben, der den Scheinwerfer spielen ließ. Aber als gleich darauf abermals der kalte Blitz ins Land schnitt, mochte mir mein Wissen nichts nutzen. Gespenstische Erdenbreiten lösten vor mir einander ab in einem sinnlosen Dienst; nicht wie Teile einer Küste, – wie gespenstische Schreie. Ich ›wußte‹, daß sie zusammenhingen, ein geschäftiges und freundliches Ländchen, und wußte das Schmatzen der Fischerkinder in ihren Wiegen und das Stampfen des Matrosentanzes in der Schenke; aber ich *fühlte* keinen Zusammenhang, sondern Schreie, Schreie und dazwischen den Abgrund. Der Abgrund war zwischen Stück und Stück der Welt, zwischen Ding und Ding, zwischen Bild und Wesen, zwischen Welt und mir – wenn das Licht des Scheinwerfers kam. Und die Füße festgestemmt, mit arbeitenden Armen, auf die gewußte Küste zurudernd, umgellt von der gespenstischen Wahrheit, begehrte ich nach dem Trost wie der sterbende Christ nach Christi Leib, und meine betäubte Seele langte nach ihrem Sakrament, nach dem *Sinn:* – da war der Sinn geborsten, ein blutiger Riß ging mitten durch ihn. Und ich sah das Letzte: in mir, zuinnerst in mir selber war der Abgrund. Ich war auf ewig entzweit; nicht etwa in Geist und Körper die waren so ineinander gefügt und gelöst wie je; aber in die tausendgestaltige, proteische Doppelheit des hellen Einen und des dunklen Andern, mit dem ewigen Abgrund dazwischen. Da zerbrach meine letzte Sicherheit; preisgegeben betrat ich die Küste, und mir war, als beträte ich die Küste eines entstimmten, entbundenen Lebens. Hinter mir hob sich der Sturm übers Meer, vor mir lag das ruhige Land; aber mir war, als ging ich nun aus dem letzten bangen Versteck der Ruhe in den harten Sturm hinein, der nie enden würde. Seither ist der Abgrund vor mir zu aller Zeit. Der namenlose, den alle namenhaften kundgeben.

Und seltsam, Daniel: als ich die Sicherheit hatte, schienen mir zuweilen die Menschen unsicher in ihren Fragen und Zweifeln; aber nun ich meinen Grund verloren habe, stehen sie um mich in überlegnem Gleichgewicht wie die Nüchternen um den Berauschten. Und doch wissen sie um den Abgrund; aber sie wissen auch Bescheid. Und sie kargen nicht mit ihrem Bescheid.

Da sind die Weltkundigen. Das ist der Abgrund zwischen den Dingen und dem Bewußtsein, sagen sie; und dieser Abgrund ist eine Illusion, denn das Bewußtsein ist eine Kraft unter Kräften, und alles ist eins. – Aber was frommt es mir, daß sie, was ich mit meinem Wesen erfahren habe, hinwegleugnen? Soll ich den Sturm meiner Erkenntnis einer Formel untertan machen, daß sie ihn prüfe und verwerfe? Soll die Wahrheit sich mir, statt an der Ganzheit meines Erlebnisses, an einem fertigen Ausgleich bewähren?

Und da sind die Gotteskundigen. Das ist der Abgrund zwischen dem Mensch und Gott, sagen sie; und der ist an einem bestimmten Ort, an einem bestimmten Tag für jeden ausgefüllt worden, der hinfort an diese Ausfüllung glaubt. – So ist er es für mich nicht, denn für mich müßte er jetzt und hier ausgefüllt werden, da ich ihn jetzt und hier schaue. Jetzt und hier ist Unendlichkeit und Ewigkeit wie nur irgendwo und irgendwann; und jetzt und hier ist der Abgrund. Und lieber will ich ihn an allen Tagen und in allen Träumen schauen und noch in der Stunde meines Sterbens, als meine Augen mit ihrer Salbe streichen und meiner Wahrheit blind werden.

Und da sind die Geisteskundigen. Das ist der Abgrund zwischen der Idee und der Erfahrung, sagen sie; das ist der Abgrund, über den eine Brücke zu bauen unser Amt ist. Und sie bauen Brücken aus durchsichtigem Glanz, die schönsten der Welt. Aber der Gedanke allein kann sie betreten; unter jedem andern Schritt würden sie niederbrechen. Und es ist ja nicht mein *Gedanke*, was den Abgrund schaut, es ist mein *Wesen:* dieses Ding, aus Stein und Sturm und Flut und Flamme, dieses Ganze, Wuchtende, Schwingende – diese Substanz. Da steht sie, die Elementhafte, und lächelt die schönen Brücken an, auf denen ihr Kind, der Gedanke, tanzen darf. (Daniel. Gespräche von der Verwirklichung, W1, S. 35ff.)

Von den Ursachen dieser Erscheinung will ich hier nur auf eine hinweisen. Ein auf der *Zeit* aufbauendes denkerisches Weltbild kann niemals jenes Gefühl der Sicherheit verleihen wie ein auf dem Raum aufbauendes. Um diese Tatsache zu erfassen, müssen wir aufs bestimmteste zwischen der kosmologischen und anthropologischen Zeit unterscheiden. Die kosmologische Zeit können wir gleichsam umfassen, das heißt, ihren Begriff verwenden, als ob die gesamte Zeit in einer relativen Weise vorhanden wäre, wiewohl die Zukunft uns überhaupt nicht gegeben ist. Dagegen läßt sich die anthropologische Zeit, das heißt die Zeit in Hinsicht auf die besondere Wirklichkeit des konkreten, bewußt wollenden Menschen, nicht umfassen, weil die Zukunft nicht vorhanden sein kann, da sie nach meinem Bewußtsein und Willen in einem gewissen Maße von meiner Entscheidung abhängt. Die anthropologische Zeit ist nur demjenigen Teil nach wirklich, der zu kosmologischer Zeit geworden ist, d. h. dem Teil nach, der Vergangenheit heißt. Die Unterscheidung ist somit nicht mit der bekannten von Bergson identisch, dessen durée eine fließende Gegenwart bedeutet, wogegen das Organ für die von mir gemeinte authropologische Zeit im wesentlichen das Gedächtnis ist, freilich das stets nach der Gegenwart zu ›lockere‹ Gedächtnis: sowie wir etwas als *Zeit* erfahren, die Zeitdimension als solche uns bewußt wird, ist bereits das Gedächtnis im Spiel; mit anderen Worten: die reine Gegenwart kennt kein spezifisches Zeitbewußtsein. Zwar ist uns auch die kosmologische Zeit, trotz unserer Kenntnisse über die regelmäßigen Bewegungen der Sterne usw., nicht zur Gänze bekannt, aber auch damit, was uns davon nicht bekannt ist, und selbstverständlich auch, was uns an künftigen Handlungen der Menschen nicht bekannt ist, dürfen wir uns in unseren Gedanken als mit etwas Wirklichem befassen, da im Augenblick des Denkens all ihre Ursachen vorhanden sind. Dagegen dürfen wir uns mit der anthropologischen Zukunft in unserem Gedanken nicht als mit etwas Wirklichem befassen, da meine Entscheidung, die im nächsten Augenblick erfolgen wird, noch nicht erfolgt ist. Das gleiche gilt von den Entscheidungen der andern Menschen, da ich auf Grund des anthropologischen Begriffs des Menschen, als eines meinend wollenden Wesens, weiß, daß man ihn nicht einfach als einen Teil der Welt verstehen kann. Im Umkreis der Menschenwelt, der durch das Problem des menschlichen Seins gegeben ist, gibt es keine Sicherheit der Zukunft. (Das Problem des Menschen, W1, S. 333f)

Alles ist miteinander verbunden

Wie auch das eifrigste Aufeinanderzu-Reden kein Gespräch ausmacht (am deutlichsten zeigt das jener absonderliche Sport einigermaßen denkbegabter Menschen, den man zutreffend Diskussion, Auseinanderschlagung, nennt), so bedarf es hinwieder zu einem Gespräch keines Lauts, nicht einmal einer Gebärde. Sprache kann sich aller Sinnenfälligkeit begeben und bleibt Sprache.

Ich meine natürlich nicht das zärtliche Ineinanderschweigen der Liebesleute, das in einem Blick, ja in der bloßen Gemeinsamkeit eines beziehungsreichen Vorsichhinsehens sich an Äußerung und Einvernehmen genugtun kann. Aber auch nicht das mystische Miteinanderschweigen meine ich, wie es von dem Franziskusjünger Ägidius und Ludwig von Frankreich (oder fast ebenso von zwei chassidischen Rabbis) berichtet wird, die in einer einmaligen Zusammenkunft kein Wort redeten, sondern ›im Spiegel des göttlichen Angesichts stehend‹ einander erfuhren; denn auch hier noch ist Gebärde, eine körperliche Haltung des einen zum andern, äußernd.

Was ich meine, will ich an einem Beispiel verdeutlichen.

Man stelle sich zwei Männer vor, in irgendeiner Einsamkeit der Welt nebeneinander sitzend. Sie reden nicht miteinander, sie sehen einander nicht an, sie haben sich nicht einmal einander zugewandt. Sie sind nicht miteinander vertraut, einer weiß nichts vom Lebenslauf des andern, heute frühmorgens auf der Wanderschaft haben sie einander kennen gelernt. Keiner denkt in diesem Augenblick an den andern; wir brauchen nicht zu wissen, woran sie denken. Der eine sitzt auf der gemeinsamen Bank so, wie es offenbar seine

Art ist: gelassen, allem gastfrei zugeneigt, was kommen mag; sein Wesen scheint zu sagen, es sei zu wenig, bereit zu sein, man müsse auch wirklich *da* sein. Der andere: seine Haltung verrät ihn nicht, er ist ein gehaltener, verhaltener Mann; aber wer um ihn weiß, weiß, daß ein Kindheitsbann auf ihm liegt, daß seine Verhaltenheit noch anderes als Haltung ist, hinter aller Haltung lagert das undurchdringliche Sich-nicht-mitteilen-können. Und nun – stellen wir uns vor, daß dies eine der Stunden ist, die es fertigbringen, die sieben Eisenbande um unser Herz aufzubrechen – löst sich unversehens der Bann. Aber auch jetzt spricht der Mann kein Wort, rührt keinen Finger. Dennoch tut er etwas. Die Lösung hat sich ohne sein Tun an ihm ereignet, gleichviel woher; jetzt aber tut er dies, daß er einen Rückhalt, über den nur er selber Macht hat, in sich aufhebt. Rückhaltlos strömt die Mitteilung aus ihm, und das Schweigen trägt sie zu seinem Nachbarn, dem sie ja doch zugedacht war und der sie, wie alles echte Schicksal, das ihm begegnet, rückhaltlos aufnimmt. Er wird niemand, auch nicht sich selbst, erzählen können, was er erfahren hat. Was ›weiß‹ er nun vom andern? Es bedarf keines Wissens mehr. Denn wo Rückhaltlosigkeit zwischen Menschen, sei es auch wortlose, gewaltet hat, ist das dialogische Wort sakramental geschehen. (Zwiesprache, W1, S. 175f.)

Innerer Seelenfrieden

Wenn das Gesagte die Wahrheit ist – und dies gesteht Ihr ein, da Ihr ja sagt: ›Wir haben uns geirrt‹, so ist es auch die Wahrheit von heute und von morgen, jetzt ist die Hauptsache mit der listigen Art aufzuhören und das Joch der Wahrheit auf uns zu nehmen. Sogar wenn die Lüge in der Welt siegt, ist die Verzweiflung nicht am Platz, außer wenn wir selbst an ihr teilhaben würden, denn so würden wir unsere Zukunft verraten. Wir müssen nicht verzweifeln, wenn wir uns gegen die Verführung durch die Lüge wehren und die Nichtigkeit ihrer Kraft erkennen und uns nicht durch Erfolg sondern durch Treue leiten lassen. Morgen werden wir vielleicht nur zwei Möglichkeiten haben: Wir können entweder unsere Fahne mit den Farben der Lüge bemalen und untergehen, wie der elendeste unter allen elenden Fahnenträgern, mit einem schwachen Jubelschrei auf unseren Lippen und mit stolzen Bewegungen, oder den kleinen Siegel der zwei Siegel Gottes in Obhut nehmen, die menschliche Wahrheit, und ihn in der Truhe des schweren Lebens bewahren wird, bis der Herrscher kommen wird, der ihn uns übergeben und zum neuen Tageslicht erheben wird. (Und heute?, Ein Land zwei Völker, S. 189)

Von der Lust zur Unschuld

Herrschaft und Kontrolle kennzeichnen die Lust, das achte Bild der geistig-seelischen Kraft des Bösen. Der Lust-Mensch will jede Beziehung kontrollieren und hat Angst davor, seine zärtliche Beziehungsseite hervorkommen zu lassen. Er ist deswegen selbst im ehrlichen Beziehungsverhalten immer noch sehr vorsichtig. Jedoch fällt es ihm schwer, seine Zartheit selbst zu sehen. Eigentlich will er sich nur als starker Mensch zeigen. Damit dies gelingt, führt er einen permanenten Kampf mit der Welt und mit seinen Mitmenschen. Ein Lust-Mensch führt den Kampf offen und direkt. Er entwickelt in seiner überhöhten Verantwortungsübernahme auch Schuldgefühle. Doch die lässt er erst zu, wenn er der Welt und den Mitmenschen vorgeworfen hat, dass sie sich nicht wirklich um das Leben kümmern.

Sobald der Lust-Mensch beginnt, Verantwortung zu teilen, seine kontrollierende Urteilshaltung in Gut und Böse aufgibt, kommt sein ausgesprochenes Gefühl für Gerechtigkeit und Unschuld zum Vorschein. Gerade jene letztere überaus scheue Seite verbirgt sich hinter seiner, die Mitmenschen beherrschende Überverantwortung.

Der Lust-Mensch verwandelt seine negative Triebkraft in liebevolle Zuwendung seiner Mitmenschen gegenüber im Zeigen eigener Verletzungen. Das Nennen eigener Bedürfnisse kann die wahllose Kontrollenergie gegenüber der Umwelt einschränken.

Der erste Schritt nach der chassidischen Lehre ist demnach ein Besinnen auf das eigene *Nichttun*, der zweite das fechterische Besiegenwollen in echte Umfassung umzuwandeln. Dies verläuft nicht ohne schmerzhafte Erkenntnisprozesse. Sie sind besonders dadurch inhaltsschwer, weil es anzunehmen gilt, dass *Nächstenliebe* und *Gerechtigkeit* durch Abwesenheit von Macht geschehen. Infolgedessen geht es beim Lust-Menschen vielmehr darum, durch ein Nichttun zu wirken und Verantwortung loszulassen.

Ich bin auch schwach

Einheit allein ist wahre Macht. Darum ist der Geeinte der wahre Herrscher. Das Verhältnis des Herrschers zum Reich ist Taos höchste Kundgebung im Zusammenleben der Wesen.

Das Reich, die Gemeinschaft der Wesen, ist nicht etwas Künstliches und Willkürliches, sondern etwas Eingeborenes und Selbstbestimmtes. ›Das Reich ist ein geistiges Gefäß und kann nicht gemacht werden. Wer es macht, zerstört es‹ (L).

Darum ist das, was von den Menschen Regieren genannt wird, kein Regieren, sondern ein Zerstören. Wer in das natürliche Leben des Reiches eingreift, wer es von außen lenken, meistern und bestimmen will, der vernichtet es, der verliert es. Wer das natürliche Leben des Reiches behütet und entfaltet, wer ihm nicht Befehl und Zwang auferlegt, sondern sich darein versenkt, seiner heimlichen Botschaft lauscht und sie ans Licht und ans Werk bringt, der beherrscht es in Wahrheit. Es tut das Nichttun: er greift nicht ein, sondern behütet und entfaltet, was werden will. In des Reiches Not und Trieb offenbart sich ihm Taos Wille. Er schließt seinen Willen daran, er wird Taos Werkzeug, und alle Dinge ändern sich von selbst. Er kennt keine Gewalt, und doch folgen alle Wesen dem Winke seiner Hand. Er übt weder Lohn noch Strafe, und doch geschieht, was er geschehen machen will. ›Ich bin ohne Tun‹, spricht der Vollendete, ›und das Volk ändert sich von selber; ich liebe die Ruhe, und das Volk wird von selber rechtschaffen; ich bin ohne Geschäftigkeit, und das Volk wird von selber reich; ich bin ohne Begierden, und das Volk wird von selber einfach‹ (L).

Regieren heißt sich der natürlichen Ordnung der Erscheinungen einfügen. Das kann aber nur, wer die Einheit gefunden hat und aus ihr die Einheit jedes Dinges in sich selbst und die Einheit der Dinge miteinander schaut. Wer die Unterschiede loswird und sich dem Unendlichen verbindet, wer die Dinge wie sich dem Urdasein wiedergibt, beides, sich und die Welt, zusammen entläßt, zur Reinheit bringt, aus der Knechtschaft der Gewalt und des Getriebes erlöst, der regiert die Welt.

Das Reich ist entartet; es ist der Gewalttat der Obrigkeit verfallen. Es muß aus ihr befreit werden. Dies ist das Ziel des wahren Herrschers.

Was ist die Gewalttat der Obrigkeit? Der Zwang der falschen Macht. ›Je mehr Verbote und Beschränkungen das Reich hat, desto mehr verarmt das Volk; je mehr Waffen das Volk hat, desto mehr wird das Land beunruhigt; je mehr Künstlichkeit und List das Volk hat, desto ungeheuerlichere Dinge kommen auf; je mehr Gesetze und Verordnungen kundgemacht werden, desto mehr Räuber und Diebe gibt es‹ (L). Die Obrigkeit ist der Parasit, der dem Volk die

Lebenskraft entzieht. ›Das Volk hungert, weil seine Obrigkeit zuviel Abgaben verzehrt. Deshalb hungert es. Das Volk ist schwer zu regieren, weil seine Obrigkeit allzu geschäftig ist. Deshalb ist es schwer zu regieren. Das Volk achtet den Tod gering, weil es umsonst nach Lebensfülle verlangt. Deshalb achtet es den Tod gering‹ (L). Der wahre Herrscher befreit das Volk von der Gewalttat der Obrigkeit, indem er statt der Macht das ›Nichttun‹ walten läßt. Er übt seinen umgestaltenden Einfluß auf alle Wesen, und doch weiß keines davon; denn er beeinflußt sie in Übereinstimmung mit ihrer Urbeschaffenheit. Er macht, daß Menschen und Dinge sich aus sich selber freuen. Er nimmt all ihr Leid auf sich. ›Tragen des Landes Not und Pein, das heißt des Reiches König sein‹ (L).

In dem entarteten Reich ist es so, daß es keinem gewährt ist, seine Angelegenheiten nach eigner Einsicht zu führen, sondern jeder steht unter der Botmäßigkeit der Vielheit. Der wahre Herrscher befreit den Einzelnen von dieser Botmäßigkeit: er entmengt die Menge und läßt jeden frei das Seine verwalten und die Gemeinschaft das Gemeinsame. All dies aber tut er in der Weise des Nichttuns, und das Volk merkt nicht, daß es einen Herrscher hat; es spricht: ›Wir sind von selbst so geworden‹.

Der wahre Herrscher steht als der Vollendete jenseits von Menschenliebe und Gerechtigkeit. Wohl ist der weise Fürst zu loben, der jedem das Seine gibt und gerecht ist; noch höher ist der tugendreiche zu schätzen, der in Gemeinschaft mit allen steht und Liebe übt; aber das Reich, das geistige Gefäß, auf Erden zu erfüllen vermag nur der geistige Fürst, der die Vollendung schafft: Einheit mit Himmel und Erde, Freiheit von allen Bindungen, die Tao widerstreiten, Erlösung der Dinge zu ihrer Urbeschaffenheit, zu ihrer Tugend. Der wahre Herrscher ist Taos Vollstrecker auf Erden. Darum heißt es: ›Tao ist groß, der Himmel ist groß, die Erde ist groß, auch der König ist groß‹ (L). (Die Lehre vom Tao, W1, S. 1047ff.)

Die Anderen sein lassen

Wir dürfen drei Hauptgestaltungen des dialogischen Verhältnisses unterscheiden.

Die eine beruht auf einer abstrakten, aber gegenseitigen Umfassungserfahrung.

Das deutlichste Beispiel dafür ist eine Disputation zweier in Artung, Anschauung, Berufung grundverschiedener Menschen, in der es sich – wie durch die Handlung eines so namenlosen wie unsichtbaren Boten – in einem Nu begibt, daß jeder die mit den Insignien der Notwendigkeit und des Sinns bekleidete Legitimität des andern gewahrt. Welch eine Erleuchtung! Um nichts wird die eigne Wahrheit, die eigne Überzeugungsmacht, der eigne ›Standpunkt‹ oder vielmehr Bewegungskreis durch sie geschmälert; keine ›Relativierung‹ geschieht, es sei denn so zu nennen, daß im Zeichen der Grenze sich uns die urschicksalshafte Wesenheit der sterblichen Erkenntnis darstellt: erkennen heißt für uns Kreaturen, unsere, jeder die seine, Relation zum Seienden wahrhaft und verantwortlich erfüllen, indem wir all seine Erscheinung getreulich, weltoffen, geistoffen mit unseren Kräften empfangen und unserem Sosein einverleiben; so entsteht und besteht lebendige Wahrheit. Ich bin inne geworden, daß es so mit dem andern ist wie es mit mir ist; und daß diese beiden keine Erkenntniswahrheit, sondern allein die Seinswahrheit und das Wahrheitsein des Seienden überwaltet. Und so sind wir Anerkennende geworden.

Abstrakt habe ich diese Gestaltung genannt, nicht als ob ihre Grunderfahrung der Unmittelbarkeit entbehrte, sondern weil sie sich auf den Menschen nur als geistige Person bezieht und von der vollen Wirklichkeit seines Wesens und Lebens absehen muß. Von der Umfassung dieser vollen Wirklichkeit gehen die beiden andern aus.

Von diesen die erste, das erzieherische Verhältnis, hat ihren Grund in der konkreten, aber einseitigen Umfassungserfahrung.

Wenn Erziehung bedeutet, eine Auslese der Welt durch das Medium einer Person auf eine andere Person einwirken zu lassen, so ist die Person, durch die dies geschieht, vielmehr, die es durch sich geschehen macht, einer eigentümlichen Paradoxie verhaftet. Was sonst nur als Gnade, in die Falten des Lebens eingelegte, besteht: mit dem eignen Sein auf das Sein anderer einzuwirken, ist hier Amt und Gesetz geworden. Damit aber, daß solchermaßen an die Stelle des meisterlichen Menschen der erzieherische getreten ist, hat sich die Gefahr aufgetan, daß das neue Phänomen, der erzieherische Wille, in Willkür ausarte; daß der Erzieher von sich und von seinem Begriff des Zöglings, nicht aber von dessen Wirklichkeit aus die Auslese und Einwirkung vollziehe. Man braucht nur etwa die Berichte über Pestalozzis Unterricht zu lesen, um zu merken, wie leicht sich bei den edelsten Pädagogen die Willkür in den Willen mengt. Das liegt fast immer an einem Aussetzen oder zeitweiligen Erlahmen des Umfassungsaktes, der eben für das Erzieherische nicht bloß, wie für andere Bereiche, regulativ, sondern schlechthin konstitutiv ist, so daß das Erzieherische aus der steten Wiederkehr diese Aktes und dem stets erneuten Zusammenhang mit ihm seine wahre Eigenkraft gewinnt. Der Mensch, dessen Beruf es ist, auf das Sein bestimmbarer Wesen einzuwirken, muß immer wieder eben dieses sein Tun (und wenn es noch so sehr die Gestalt des Nichttuns angenommen hat) von der Gegenseite erfahren. Er muß, ohne die Handlung seiner Seele irgend geschwächt würde, zugleich drüben sein, an der Fläche jener anderen Seele, die sie empfängt; und nicht etwa einer begrifflichen, konstruierten Seele, sondern je und je der ganz konkreten dieses einzelnen und einzigen Wesens, das ihm gegenüber lebt, das zusammen mit ihm in der gemeinsamen Situation, des ›Erziehens‹ und ›Erzogenwerdens‹, die ja *eine* ist, nur eben an deren andrem Ende steht. Es genügt nicht, daß er sich die Individualität dieses Kindes vorstelle; es genügt aber auch nicht, daß er es unmittelbar als eine geistige Person erfahre und sodann anerkenne; erst wenn er von drüben aus sich selber auffängt und verspürt, ›wie das tut‹, wie das diesem andern Menschen tut, erkennt er die reale Grenze, tauft er in der Wirklichkeit seine Willkür zum Willen, erneuert er seine paradoxe Rechtmäßigkeit. Er ist unter allen der eine, dem die Umfassung aus einem bestürzenden und erbauenden Ereignis zur Atmosphäre werden darf und soll.

Aber, in wie vertrauter Gegenseitigkeit des Gebens und Nehmens er auch sonst mit seinem Zögling verknüpft ist, die Umfassung kann hier keine gegenseitige sein. Er erfährt das Erzogenwerden des Zöglings, aber der kann das Erziehen des Erziehers nicht erfahren. Der Erzieher steht an beiden Enden der gemeinsamen Situation, der Zögling nur an einem. In dem Augenblick, wo auch dieser sich hinüberwerfen und von drüben zu erleben vermöchte, würde das erzieherische Verhältnis zersprengt oder es wandelte sich zu Freundschaft.

Freundschaft nennen wir die dritte Gestaltung des dialogischen Verhältnisses, auf die konkrete und gegenseitige Umfassungserfahrung gegründet. Sie ist das wahrhafte Einander-Umfassen der Menschenseelen. (Reden über Erziehung, W1, S. 804ff.)

Selbstverständlich brauchen nicht alle zu einem echten Gespräch Vereinten selber zu sprechen; schweigsam Bleibende können mit- unter besonders wichtig werden. Jeder aber muß entschlossen sein, sich nicht zu entziehen, wenn es etwa dem Gang des Gesprächs nach an ihm sein wird zu sagen, was eben er zu sagen hat. Wobei natürlich keiner von vornherein wissen kann, was das etwa sein wird: ein echtes Gespräch kann man nicht vordisponieren. Es hat zwar seine Grundordnung von Anbeginn in sich, aber nichts kann angeordnet werden, der Gang ist des Geistes, und mancher entdeckt, was er zu sagen hatte, nicht eher, als da er den Ruf des Geistes vernimmt.
Auch dies jedoch ist selbstverständlich, daß alle Teilnehmer, ohne Ausnahme, so beschaffen sein müssen, daß sie den Voraussetzungen des echten Gesprächs zu genügen fähig und bereit sind. Die Echtheit ist schon in Frage gestellt, wenn ein noch so geringer Teil der Anwesenden von sich und von den andern als solche empfunden werden, denen keine aktive Beteiligung zugedacht ist. Ein Zustand dieser Art kann sich zu einer schweren Problematik steigern.
Ich hatte einen Freund, den ich zu den beträchtlichsten Männern des Zeitalters zähle. Er war ein Meister des Gesprächs, und er liebte es; seine Echtheit als Sprecher war evident. Aber einmal ereignete es sich, daß er mit zwei Freunden und den Frauen der drei beisammen saß und ein Gespräch aufstieg, an dem die Frauen seinem Wesen nach offenkundigerweise nicht teilnahmen, wiewohl freilich ihre Gegenwart höchst bestimmend war. Das Gespräch zwischen den Männern entwickelte sich bald zu einem Gefecht zwischen zweien (ich war der dritte). Auch der andere, mir ebenfalls befreundet, war von edler Art, ein Mann des Wortes auch er, aber mehr der sachlichen Gerechtigkeit als den Ansprüchen des Geistes ergeben und aller Eristik urfremd. Der Freund, den ich einen Meister des Gesprächs genannt habe, sprach nicht gelassengewichtig wie sonst, sondern ›glänzend‹, fechterisch, siegerisch. Das Gespräch verdarb. (Elemente des Zwischenmenschlichen, W1, S. 287f.)

Das Zarte anerkennen

Man sieht überhaupt nicht ab. Gerade der Schmerz, den ich jetzt hier habe, sein Meinsein, sein Jetztsein, sein Hiersein, sein Sosein, gerade die vollkommene Gegenwärtigkeit dieses Schmerzes erschließt mir das Wesen des

Schmerzes selbst. Unter der eindringenden Berührung des Geistes teilt gleichsam der Schmerz selber dem Geist sich in dämonischer Sprache mit. Der Schmerz – und jedes wirkliche Geschehen der Seele – ist nicht einem Schauspiel, sondern früheren Mysterien zu vergleichen, deren Sinn niemand erfährt, der nicht selber im Reigen mittanzt. Aus der dämonischen Sprache, die der Geist in der intimen Berührung mit dem Schmerz erfuhr, überträgt er in die Sprache der Ideen. Erst diese Übertragung findet in einer Abhebung und Entfernung vom Gegenstande statt; der entscheidende Akt des Geistes hat schon vor ihr stattgefunden; die primäre Ideierung geht der abstrahierenden voraus. Das ›betrachtende‹ Denken ist auch beim Philosophen, sofern wer wirklich vom Sein der Welt ermächtigt ist, es zu künden, nicht das erste, sondern das zweite. Das erste ist die Entdeckung eines Seins in der Kommunion mit ihm, und diese Entdeckung ist ein eminent geistiger Akt. Jede philosophische Idee stammt aus solch einer Entdeckung. Nur einer, der in der letzten Tiefe des eigenen Schmerzes, ohne irgend von ihm abzusehen, in seinem Geiste mit dem Schmerz der Welt kommunizierte, kann das Wesen des Schmerzes erkennen. Dafür, daß er es könne, ist aber freilich eine Voraussetzung; nämlich, daß dieser Mensch schon die Tiefe des Schmerzes anderer Wesen wirklich – und das heißt, nicht mit dem ›Mitleid‹, das gar nicht zum Sein vordringt, sondern mit der großen Liebe – erfahren hat; dann erst wird ihm der eigene Schmerz in seiner letzten Tiefe transparent ins Leid der Welt. Nur die Teilnahme am Sein der seienden Wesen erschließt den Sinn im Grunde des eigenen Seins.

Aber um genauer zu erfahren, was Geist ist, darf man sich nicht damit begnügen, ihn zu erforschen, wo er zu Werk und Beruf geworden ist; man muß ihn auch da aufsuchen, wo er noch *Ereignis* ist. Denn der Geist in seiner ursprünglichen Wirklichkeit ist nicht etwas, was ist, sondern etwas, was sich ereignet, genauer: etwas, was nicht erwartet wird, sondern plötzlich geschieht.

Man achte auf das Kind, besonders in dem Alter, wo es die Sprache bereits in sich aufgenommen hat, aber noch nicht die in der Sprache aufgespeicherten Traditionsgüter. Es lebt bei den Dingen, drin in der Welt der Dinge, mit dem, was auch noch wir Erwachsenen kennen, und auch mit dem, was wir nicht mehr kennen, was uns durch die Traditionsgüter, durch die Begriffe, durch all das sicher Feststehende verscheucht worden ist. Und unvermittelt fängt es an zu erzählen, erzählt, verfällt ins Schweigen, wieder bricht etwas hervor. Wie erzählt das Kind, was es erzählt? Ws gibt keine andere Bezeichnung dafür als: mythisch. Es erzählt genau so, wie der frühe Mensch seine aus Traum und wacher Schau, aus Erfahrung und ›Phantasie‹ (aber ist Phantasie im Ursprung nicht auch eine Art Erfahrung?) zur unlöslichen Einheit gewordenen Mythen erzählt. Da ist plötzlich der Geist da. Aber ohne alle vorhergehende ›Askese‹ und ›Sublimierung‹. Der Geist war selbstverständlich schon im Kinde, ehe es erzählt, aber nicht als solcher, nicht für sich, sondern verbunden mit dem ›Triebe‹ – und mit den Dingen! Jetzt tritt er selber, selbständig auf – im *Wort*. Das Kind ›hat Geist‹ erst wenn es spricht, es hat ihn, weil es sprechen will. Ehe es jetzt gesprochen hat, waren die mythischen Bilder nicht gesondert da, sondern eingetan, eingemengt in die Substanz des Lebens. Jetzt aber sind sie da – im Wort. Erst weil das Kind den *geistigen Trieb* zum Wort hat, treten sie nun überhaupt hervor, werden wie zugleich selbständig existent und sagbar. Der Geist beginnt hier als Trieb, als Trieb zum Wort, d. h. als der Trieb, zusammen mit den Anderen in einer Welt strömender Mitteilung, gegebenen und empfangenen Bildes dazusein. (Das Problem des Menschen, W1, S. 392ff.)

Weder Schwarz noch Weiß

Es scheint mir im übrigen, daß hinter den geläufigen gegensätzlichen Begriffspaaren Gut-Böse und Schön-Häßlich andere stehen, in denen der negative Begriff sich intim mit dem positiven verknüpft, als der Mangel zu seiner Fülle, das Chaos zu seinem Kosmos: hinter Gut und Böse als Kriterium des Ethischen die Richtung und das Richtungslose, hinter Schön und Häßlich als Kriterium des Ästhetischen die Gestalt und das Gestaltlose. Für den Bereich des Politischen fehlt das vordergründige Paar, offenbar weil es darin schwerer oder unmöglich ist, den negativen Pol zu verselbständigen; das hintergründige möchte ich die Ordnung und das Ordnungslose nennen, wobei man den Ordnungsbegriff von der ihm zuweilen anhaftenden Entwertung befreien muß: rechte Ordnung ist Richtung und Gestalt im politischen Bereich. Aber man darf diese beiden Begriffe nicht erstarren lassen; ihre Wahrheit haben sie nur von der Konzeption einer einheitlichen *Ordnungsdynamik* aus, die das wirkliche Prinzip des Politischen ist. Die eigentliche Geschichte eines Gemeinwesens darf als dessen Streben nach der ihm gemäßen Ordnung verstanden werden. Dieses Streben, dieses Ringen um die Verwirklichung der wahren Ordnung – Ringen zwischen den jeweiligen so verschiedenen Vorstellungen, Plänen, Entwürfen der wahren Ordnung, aber auch ein ihnen allen mitten darin gemeinsames, ungewußtes, unaussprechliches Ringen – konstituiert die Ordnungsdynamik des politischen Gebilds. Als Ergebnis wird immer wieder eine Ordnung erkämpft und eingesetzt. Sie wird fest und umschließend, sie verfestigt sich auch gegen den Widerstand der verbliebenen Dynamik, sie versteift sich, sie stirbt, sich von der Dynamik, die sei einsetzte, vollends lossagend, innerlich ab und bewahrt doch ihre Macht, gegen den neu erstarkenden Kampf um die wahre Ordnung. Der Feind bedroht die gesamte Ordnungsdynamik des Gemeinwesens, der Empörer nur die jeweilige Ordnung. Jede Ordnung ist, von der gesamten Dynamik aus betrachtet, fragwürdig. (Die Frage an den Einzelnen, W 1, S. 256)

Gerechtigkeit

Von hier aus ist auch der letzte und höchste dieser Sprüche, der von der Feindesliebe, zu betrachten. Er geht aus (Vers 43) von dem alttestamentlichen Gebot der ›Nächstenliebe‹ (Leviticus 19, 18), das Jesus anderswo, in der Antwort auf die Frage des Schriftgelehrten nach dem größten Gebot (Matthäus 22, 39; Markus 12, 31; Lukas 10, 27), für das nebst dem der Gottesliebe größte erklärt, und fügt die wohl volkstümliche, aber vermutlich sich zum Teil aus strengen Reden der Pharisäer gegen die Gottesfeinde ableitende Deutung dran, seinen Feind dürfe oder gar solle man hassen. Ihr stellt er sein Gebot ›Liebet eure Feinde‹ entgegen. Es ist in seinem Grundsinn so tief mit jüdischer Glaubenswirklichkeit verbunden und überbietet sie zugleich in einer so eigentümlichen Weise, daß es hier besonders erörtert werden muß.
An dem Zitat des Liebesgebots in der Bergpredigt ist zunächst bemerkenswert, daß hier das gewöhnlich mit ›wie dich selbst‹ wiedergegebene Wort fehlt, wogegen der Satz in jener Antwort an den Schriftgelehrten vollständig angeführt wird (bei Lukas nur äußerlich gekürzt); der Grund mag der sein, daß darauf nicht ein ›Liebet eure Feinde wie euch selbst‹ folgen sollte. Aber das ›wie dich selbst‹ ist nur eine der drei Fehlwiedergaben, die in der Septuaginta wie in den sonstigen geläufigen Übersetzungen in diesem – im Original aus drei Wörtern bestehenden – Satz aufeinanderfolgen. Das so übertragene Wort bezieht sich weder auf das Maß noch auf die Art des Liebens, als

ob man den andern so sehr wie sich selbst oder in solcher Weise wie sich selbst lieben sollte (der Begriff der Selbstliebe kommt im Alten Testament gar nicht vor); es bedeutet: dir gleich, und gemeint ist: verhalte dich darin so, als gelte es dir selber. Um ein Verhalten geht es hier nämlich, nicht um ein Gefühl. Es heißt nicht, man solle jemanden, sondern man solle ›jemandem‹ lieben. Diese seltsame Dativkonstruktion ist im Alten Testament nur in diesem Leviticus-Kapitel zu finden. Ihre Bedeutung ist, wenn erst die Frage danach gestellt ist, leicht zu ermitteln: das Liebesgefühl zwischen Menschen läßt sich im allgemeinen seinen – durch den Akkusativ bezeichneten – Gegenstand nicht vorschreiben; wogegen eine liebreiche Wesenshaltung zu einem Mitmenschen, einem – durch den Dativ bezeichneten – Empfänger meiner Hilfe, meines tätigen Wohlwollens, meines persönlichen Einsatzes für ihn sich recht wohl gebieten läßt. Und schließlich: das von der Septuaginta mit ›der nah daneben, der Nahe‹ übersetzte Nomen *re'a* bedeutet alttestamentlich zunächst einen, zu dem ich in einer unmittelbaren und gegenseitigen Beziehung stehe, und zwar durch irgendwelche Lebensumstände, durch Ortsgemeinschaft, durch Volksgemeinschaft, durch Werkgemeinschaft, durch Kampfgemeinschaft, besonders auch durch Wahlgemeinschaft oder Freundschaft; es überträgt sich auf den Mitmenschen überhaupt und sodann auf den andern überhaupt. ›Liebe deinen *re'a*‹ bedeutet also in unserer Sprache: sei liebreich zugewandt den Menschen, mit denen du je und je auf den Wegen deines Lebens zu schaffen bekommst; dazu war freilich auch eine von keinem Haßgefühl affizierte Seele erforderlich, und darum war (Vers 17) das Gebot vorausgeschickt: ›Hasse nicht deinen Bruder (Synonym zu *re'a*) *in deinem Herzen*.‹ Damit sich aber im Volksbewußtsein keine Einschränkung des Begriffs vollziehe, wozu die erste Hälfte des Satzes (›Heimzahle nicht und grolle nicht den Söhnen deines Volkes‹) leicht verführen konnte, wird bald darauf im selben Kapitel (Vers 33) das Gebot nahgetragen, auch dem *ger*, dem unter Israel wohnenden nichtjüdischen ›Gastsassen‹, liebreich zu begegnen; ›denn Gastsassen seid ihr im Land Ägypten gewesen‹, das heißt, ihr habt selber erfahren, wie es tut, lieblos behandelte Gastsassen zu sein. Das erste Gebot endet mit der Deklaration ›Ich bin JHWH‹, das zweite mit ›Ich bin JHWH euer Gott‹, in unsre Begriffssprache übertragen: Das ist keine Moral-, sondern ein Glaubensangebot; die Deklaration bedeutet somit: Nicht als Menschen an sich, sondern als *meinen* Menschen gebiete ich euch dies. Tie-

fer noch erschließt sich uns der Zusammenhang zwischen Glaubenswirklichkeit und dem Gebot der Menschenliebe, wenn wir uns der Stelle zuwenden, wo dieses, scheinbar in Widerspruch zu unseren Feststellungen, mit dem Akkusativ konstruiert wird (Deuteronomium 10, 19): ›Ihr sollt den Gastsassen lieben, denn Gastsassen seid ihr im Land Ägypten gewesen.‹ Das volle Verständnis des Satzes erschließt sich erst aus seiner Verbindung mit den drei Erwähnungen der Liebe in den vorhergehenden Versen. Israel wird angeredet (Vers 12), es solle Gott lieben; von Gott wird gesagt (Vers 15), er habe Israels Väter, als sie Gastsassen waren, geliebt; und dann wird von ihm gesagt (Vers 18), er liebe den Gastsassen – nicht diesen oder jenen, sondern den von fremden Staatsvolk abhängigen Menschen überhaupt, ›ihm Brot und Gewand zu geben‹, wie er dem innerhalb des Volkes von anderen abhängigen Menschen, ›der Waise und der Witwe‹, ihr Recht schafft. Bei Gott ist ja kein Unterschied zwischen Liebe und Liebeserweis. Und ihn mit dem vollen Liebesgefühl zu lieben, kann geboten werden, denn das heißt nichts anderes als: die bestehende Glaubensbeziehung zu ihm wirklich machen, wie im Vertrauen, so in der Liebe, denn beide sind eins. Liebt man ihn aber erst wirklich, dann wird man vom eignen Gefühl angeleitet, den zu lieben, den er liebt; natürlich nicht den Gastsassen allein – an ihm wird nur ganz deutlich, um was es geht –, sondern jeden Menschen, den Gott liebt, in dem Maße, als man dessen inne wird, daß er ihn liebt. Zur Liebeshaltung zum Mitmenschen tritt hier die Liebe selber zu ihm, von der Liebe zu Gott erweckt.
Dieser alttestamentlichen Anschauung des Zusammenhangs zwischen Gottesliebe und Menschenliebe oder, wenn man ursprünglichen Realitäten abgeleitete Kategorien vorzieht, zwischen ›Religion‹ und ›Ethik‹, steht der Spruch der Bergpredigt gegenüber. Seine Verwandtschaft mit den Deuteronomiumssprüchen und seine Distanz zu ihnen in einem zeigt sich in der Begründung mit der Liebe Gottes zu allen Menschen (Vers 45). In seinen Naturgnaden schüttet er seine Liebe über alle ohne Unterschied aus, und wir sollen seine Liebe nachahmen (beides ist auch talmudische Lehre). Aber alle, das soll hier nicht wie dort heißen: Böse und Gute, Gerechte und Ungerechte. Gott sucht nicht die Guten und Gerechten aus, um sie zu lieben; so dürfen auch wir sie uns nicht aussuchen. (Zwei Glaubensweisen, W1, S. 700-703)

Die Wirklichkeit wirkt

Was aber ist das geeinte Menschenleben in seinem Verhältnis zu den Dingen? Wie lebt der Vollendete in der Welt? Welche Gestalt nimmt bei ihm das Erkennen an, das Kommen der Dinge zum Menschen? Welche das Tun, das Kommen des Menschen zu den Dingen?

Die Tao-Lehre antwortet darauf mit einer großen Verneinung alles dessen, was von den Menschen Erkennen und Tun genannt wird. Was von den Menschen Erkennen genannt wird, beruht auf der Zerschiedenheit der Sinne und Geisteskräfte. Was von den Menschen Tun genannt wird, beruht auf der Zerschiedenheit der Absichten und Handlungen. Jeder Sinn nimmt anderes auf, jede Geisteskraft bearbeitet es anders, alle taumeln sie durcheinander in der Unendlichkeit: das nennen die Menschen Erkennen. Jede Absicht zerrt am Gefüge, jede Handlung greift in die Ordnung ein, alle wirren sie durcheinander in die Unendlichkeit: das nennen die Menschen Tun.

Was von den Menschen Erkennen genannt wird, ist kein Erkennen. Um dies zu erweisen, hat Tschuang-Tse schier alles Gründe vereinigt, die je der Menschengeist ersann, um sich selber in Frage zu stellen.

Es gibt keine Wahrnehmung, weil die Dinge sich unablässig ändern.

Es gibt keine Erkenntnis im Raum, weil uns nicht absolute, sondern nur relative Ausdehnung zugänglich ist. Alle Größe besteht nur im Verhältnis; ›unterm Himmel ist nichts, was größer wäre als die Spitze eines Grashalms‹. Wir können uns unserem Maße nicht entschwingen; die Grille versteht den Flug des Riesenvogels nicht.

Es gibt keine Erkenntnis in der Zeit, weil für uns auch die Dauer nur als Verhältniswert besteht. ›Kein Wesen erreicht ein höheres Alter als ein Kind, das in der Wiege starb.‹ Wir können uns unserm Maße nicht entschwingen; ein Morgenpilz kennt den Wechsel von Tag und Nacht nicht, eine Schmetterlingspuppe kennt den Wechsel von Frühling und Herbst nicht.

Es gibt keine Gewißheit des Lebens; denn wir haben kein Kriterium, an dem wir entscheiden könnten, welches das eigentliche und bestimmende Leben ist, das Wachen oder der Traum. Jeder Zustand hält sich für den eigentlichen.

Es gibt keine Gewißheit der Werte; denn wir haben kein Richtmaß, an dem wir entscheiden könnten, was schön und was häßlich, was gut und was böse ist. Jedes Wesen nennt sich gut und sein Gegenteil böse.

Es gibt keine Wahrheit der Begriffe; denn alle Sprache ist unzulänglich.

All dies bedeutet für Tschuang-Tse nur eins: daß das, was von den Menschen Erkennen genannt wird, kein Erkennen ist. In der Geschiedenheit gibt es kein Erkennen. Nur der Ungeschiedene erkennt; denn nur in wem keine Scheidung ist, der ist von der Welt nicht geschieden, und nur wer von der Welt nicht geschieden ist, kann sie erkennen. Nicht im Gegenüberstehen, in der Dialektik von Subjekt und Objekt: nur in der Einheit mit dem All gibt es Erkenntnis. Die Einheit ist die Erkenntnis.

Diese Erkenntnis wird durch nichts in Frage gestellt; denn sie umfaßt das Ganze: sie überwindet die Relation in der Unbedingtheit des Allumfangens. Sie nimmt jedes Gegensatzpaar als eine Polarität an, ohne die Gegensätze festlegen zu wollen, und sie schließt alle Polaritäten in ihrer Einheit ein; sie ›versöhnt das Ja mit dem Nein im Lichte‹.

Diese Erkenntnis ist ohne Sucht und ohne Suchen. Sie bei sich selbst. ›Nicht ausgehend zur Tür, kennt man die Welt; nicht ausblickend durchs Fenster, sieht man des Himmels Weg‹ (L). Sie ist ohne Wissenswahn. Sie hat die Dinge, sie weiß sie nicht. Sie vollzieht sich nicht durch Sinne und Geisteskräfte, sondern durch die Ganzheit des Wesens. Sie läßt die Sinne gewähren, aber nur wie spielende Kinder; denn alles, was sie ihr zutragen, ist nur eine bunte, spielende, ungewisse Spiegelung ihrer eigenen Wahrheit. Sie läßt die Geisteskräfte gewähren, aber nur wie Tänzer, die ihre Musik zum Bilde machen, ungetreu und unstet und gestaltenreich nach Tänzerart. Das ›Orgelspiel des Himmels‹, das Spielen der Einheit auf der Vielheit unserer Natur (›wie der Wind auf den Öffnungen der Bäume spielt‹), ist hier zum Orgelspiel der Seele geworden.

Diese Erkenntnis ist nicht Wissen, sondern Sein. Weil sie die Dinge in ihrer Einheit besitzt, steht sie ihnen niemals gegenüber; und wenn sie sie betrachtet, betrachtet sie sie von ihnen aus, jedes Ding von ihm aus: aber nicht aus seiner Erscheinung, sondern aus dem Wesen dieses Dinges, aus der Einheit dieses Dinges, die sie in ihrer Einheit besitzt. Diese Erkenntnis ist jedes Ding, das sie betrachtet; und so hebt sie jedes Ding, das sie betrachtet, aus der Erscheinung zum Sein.

Diese Erkenntnis umfängt alle Dinge in ihrem Sein, das ist in ihrer Liebe. Sie ist die allumfangende Liebe, die alle Gegensätze aufhebt.

Diese Erkenntnis ist Tat. Die Tat ist das ewige Richtmaß, das ewige Kriterium, das Unbedingte, das Sprachlose, das Unwandelbare. Die Erkenntnis des Vollendeten ist nicht in seinem Denken, sondern in seinem Tun.
Was von den Menschen Tun genannt wird, ist kein Tun.
Was ist nicht ein Wirken des ganzen Wesens, sondern ein Hineintappen einzelner Absichten in Taos Gewebe, das Eingreifen einzelner Handlungen in Art und Ordnung der Dinge. Es ist in den Zwecken verstrickt.
Insofern sie es billigen, wird es von den Menschen Tugend genannt. Was von den Menschen Tugend genannt wird, ist keine Tugend. Es erschöpft sich in ›Menschenliebe‹ und ›Gerechtigkeit‹.
Was von den Menschen Menschenliebe und Gerechtigkeit genannt wird, hat nichts gemein mit der Liebe des Vollendeten.
Es ist verkehrt, weil es als Sollen auftritt, als Gegenstand der Forderung. Liebe aber kann nicht geboten werden. Geforderte Liebe wirkt nur Übel und Kummer; sie steht im Widerstreit mit der natürlichen Güte des Menschenherzens, sie trübt seine Reinheit und verstört seine Unmittelbarkeit. Darum verbringen, die so predigen, ihre Tage damit, über die Bosheit der Welt zu klagen. Sie verletzen die Ganzheit und Wahrhaftigkeit der Dingen und wecken den Zweifel und die Entzweiung. Absichtliche Menschenliebe und absichtliche Gerechtigkeit sind nicht in der Natur des Menschen begründet; sie sind überflüssig und lästig wie überzählige Finger oder andere Auswüchse. Darum spricht Lao-Tse zu Khung-Tse: ›Wie Stechfliegen einen die ganze Nacht wach halten, so plagt mich dieses Gerede von Menschenliebe und Gerechtigkeit. Strebe danach die Welt zu ihrer ursprünglichen Einfalt zurückzubringen.‹
Aber noch in einem andern Sinn haben ›Menschenliebe und Gerechtigkeit‹ nichts gemein mit der Liebe des Vollendeten. Sie beruhen darauf, daß der Mensch den andern Menschen gegenüberstehe und sie nun ›liebevoll‹ und ›gerecht‹ behandle. Die Liebe des Vollendeten aber, der jeder Mensch nachstreben kann, beruht auf der Einheit mit allen Dingen. Darum spricht Lao-Tse zu Khung-Tse: ›Für die vollkommenen Männer der Urzeit war Menschenliebe nur ein Durchgangsplatz und Gerechtigkeit nur eine Nachtherberge auf dem Wege ins Reich der Ungeschiedenheit, wo sie sich von den Gefilden des Gleichmuts nährten und in den Gärten der Pflichtlosigkeit wohnten.‹

Wie das wahre Erkennen von Lao-Tse, der es von der Menschensprache aus ansieht, ‚Nichterkennen genannt wird (›Wer licht in Tao, ist wie voll Nacht‹), so wird das wahre Tun des Vollendeten, von ihm ›Nichttun‹ genannt. ›Der Vollendete tut das Nichttun‹ (L). ›Die Ruhe des Weisen ist nicht, was die Welt Ruhe nennt: sie ist das Werk seiner inneren Tat.‹

Dieses Tun, das ›Nichttun‹, ist ein Wirken des ganzen Wesens. In das Leben der Dinge eingreifen heißt sie und sich schädigen. Ruhen aber heißt wirken, die eigne Seele reinigen heißt die Welt reinigen, sich in sich sammeln heißt hilfreich sein, sich Tao ergeben heißt die Schöpfung erneuern. Der sich auferlegt, hat die kleine, offenbare Macht; der sich nicht auferlegt, hat die große heimliche Macht. Der nicht ›tut‹, wirkt. Der in vollkommener Eintracht ist, den umgibt die empfangende Liebe der Welt. ›Er ist unbewegt wie ein Leichnam, dieweil, dieweil seine Drachengewalt sich ringsum offenbart, in tiefem Schweigen, dieweil seine Donnerstimme erschallt, und die Mächte des Himmels antworten jeder Regung seines Willens, und unter dem nachgiebigen Einfluß des Nichttuns reifen und gedeihen alle Dinge.‹

Dieses Tun, das ›Nichttun‹, ist ein Wirken aus gesammelter Einheit. In immer neuem Gleichnis sagt es Tschuang-Tse, daß jeder das Rechte tut, der sich in seinem Tun zur Einheit sammelt. Wer auf eines gesammelt ist, dessen Wille wird reines Können, reines Wirken; denn wenn im Wollenden keine Scheidung ist, ist zwischen ihm und dem Gewollten – dem *Sein* – keine Scheidung mehr; das Gewollte wird Sein. Der Adel der Wesen liegt in ihrer Fähigkeit, sich auf eines zu sammeln. Um dieser Einheit willen heißt es bei Lao-Tse: ›Wer in sich hat der Tugend Fülle, gleicht dem neugeborenen Kinde.‹ Der Geeinte ist wie ein Kind, das den ganzen Tag schreit und nicht heiser wird, aus Einklang der Kräfte, den ganzen Tag die Faust geschlossen hält, aus gesammelter Tugend, den ganzen Tag *ein* Ding anstarrt, aus unzerschiedener Aufmerksamkeit, das sich bewegt, ruht, sich anpaßt, ohne es zu wissen, und jenseits aller Trübung in einem himmlischen Lichte lebt.

Dieses Tun, das ›Nichttun‹, steht im Einklang mit dem Wesen und der Bestimmung aller Dinge, das ist mit Tao. ›Der Vollendete hat, wie Himmel und Erde, keine Menschenliebe.‹ Er steht den Wesen nicht gegenüber, sondern umfaßt sie. Darum ist seine Liebe ganz frei und unbeschränkt, hängt nicht vom Gebaren der Menschen ab und kennt keine Wahl; sie ist die *unbedingte* Liebe. ›Gute – ich behandle sie gut, Nichtgute – auch sie behandle ich gut:

die Tugend ist gut. Getreue – ich behandle sie getreu, Nichtgetreue – auch sie behandle ich getreu: die Tugend ist treu‹ (L). Und weil er keine ›Menschenliebe‹ hat, greift der Vollendete nicht in das Leben der Wesen ein, er erlegt ihnen nichts auf, sondern er ›verhilft allen Wesen zu ihrer Freiheit‹ (L): er fährt durch seine Einheit auch sie zur Einheit, er macht ihr Wesen und ihre Bestimmung frei, er erlöst Tao in ihnen.

Wie die natürliche Tugend, die Tugend jedes Dinges, in seinem ›Nichtsein‹ besteht: darin, daß es in seinen Grenzen, in seiner Urbeschaffenheit ruht, so besteht die höchste Tugend, die Tugend des Vollendeten in seinem ›Nichttun‹: in seinem Wirken aus ungeschiedener, gegensatzloser, umfriedeter Einheit. ›Seine Ausgänge schließt er, versperrt seine Pforten, er bricht seine Schärfe, streut aus seine Fülle, macht milde sein Glänzen, wird eins seinem Staube. Das heißt tiefes Einswerden‹ (L). (Die Lehre vom Tao, W1, S. 1043-1047)

Von der Trägheit zum Handeln

Das letzte und neunte Bild des geistig-seelischen Bösen ist fast unsichtbar. Der Trägheits-Mensch nimmt überhaupt nicht wahr, dass auch er Verantwortung für das Unentschiedene oder falsch Entschiedene hat. Wegschauen nach dem Motto »aus den Augen aus dem Sinn« ist seine Problemlösungshaltung. Um in keine persönliche Haftung und Verantwortung zu geraten, nimmt er sich lieber als Teil einer Gruppe und nicht als einzelne Person wahr. Ein Trägheits-Mensch macht zwischen sich und seinen Mitmenschen keine Unterscheidung.

Zudem will er sich und seine Trägheit und damit seine Lebensunzufriedenheit nicht wirklich spüren. Eigentlich hat ein solcher Mensch das Gefühl, von der Welt überschwemmt zu werden. Eine Lebensweg-Strategie besteht darin, nur als der Gute und der Harmonie-Suchende zu erscheinen. Damit überwindet er jedoch nicht die böse Triebkraft, denn er bleibt weiterhin existentiell unentschlossen und richtungslos in einer von ihm nicht exakt und genau wahrgenommenen Welt. Ein Trägheits-Mensch meint, nicht handeln zu müssen.

Seine wahre Lebensrichtung findet er erst einmal dadurch, dass er seine träge Entscheidungskraft als negative Kraft sichtbar werden lässt. Dann ist es möglich, den grundlegenden Bestand von Problemen, die das Leben ausmachen, ernstzunehmen. Ein aktives Durchdringen der eigenen Fehler und die der Mitmenschen zeigt ihm, wie bewahrenswert die authentische Wirklichkeit ist.

Für den ersten Schritt nach der chassidische Lehre muss ein Trägheits-Mensch sein Handeln jenseits der Gruppe als eigenes Handeln entdecken. Auch wenn er Ungerechtigkeit verhindern will, kann er nicht durch *Entscheidungslosigkeit* versuchen, gerecht zu sein. Schon allein diese Haltung führt ihn wiederum auf den ungeschiedenen Weg. Eine *Treue zur Wahrheit* hilft ihm, wirkliche Antworten in seinem Leben zu finden. Durch einen ernsthaften Bezug zum Leben schafft er es, die Menge als Gruppe einzelner Personen wertschätzen zu lassen. Dies gelingt ihm bei seinen wirklichen Herzensentscheidungen.

Ganz allein

Hinzusetzen muß man freilich noch dies, daß die Gemeinschaft, der einer angehört, gewöhnlich nicht einheitlich und eindeutig aussagt, was sie in einer gegebenen Lage für das Rechte hält und was nicht. Sie zerfällt in mehr oder weniger sichtbare Gruppen, die einem äußerst verschiedene, aber gleichweise unbedingte Authentizität beanspruchende Interpretationen des Schicksals und der Aufgabe liefern. Jede weiß, was der Gemeinschaft fromme, jede verlangt dein rückhaltloses Mitwissen um des Heils der Gemeinschaft willen.

Unter politischer Entscheidung versteht man heute im allgemeinen den Anschluß an eine solche Gruppe. Ist dieser erfolgt, dann ist alles endgültig geordnet, die Zeit des Sichentscheidens ist vorüber. Man braucht fortan nichts anderes zu tun als die Bewegungen der Gruppe mitzumachen. Nie mehr steht man am Kreuzweg, nie mehr hat man unter den möglichen Handlungen die rechte zu erwählen, es ist entschieden. Was man einst glaubte: daß man stets neu, Situation um Situation, das jeweils Gewählte zu verantworten hätte, das ist man nun los. Die Gruppe hat einem seine politische Verantwortung abgenommen. Man fühlt sich in ihr verantwortet.

Die eben gekennzeichnete Haltung bedeutet, wenn sie dem gläubigen Menschen (nur von ihm will ich hier reden) widerfährt, seinen Sturz aus dem Glauben, – ohne daß er es sich einzugestehen, sich zuzugeben geneigt ist: seinen faktischen Sturz aus dem Glauben, wie laut und nachdrücklich auch er ihn nicht bloß mit dem Munde, sondern sogar mit der die innerste Wirklichkeit überschreiende Seele selber fortbekennt. Das Glaubensverhältnis zu dem Einen Seiende verkehrt sich in Schein und Selbstbetrug, wenn es nicht allumfassend ist. Die ›Religion‹ mag sich dazu verstehen, eine Abteilung des Lebens neben anderen, ebenso wie sie eigenständigen und eigengesetzlichen Abteilungen zu sein, – sie hat damit das Glaubensverhältnis schon verkehrt. Diesem, seiner Bestimmungsmacht, irgendein Bereich grundsätzlich entziehen, heißt ihn der Bestimmumgsmacht Gottes, die dem Glaubensverhältnis obwaltet, entziehen wollen. Dem Glaubensverhältnis vorschreiben: ›So weit darfst du bestimmen, was ich zu tun habe, nicht weiter, hier endet deine Gewalt und beginnt die der Gruppe, der ich angehöre‹, heißt, eben so zu Gott reden. Wer sein Glaubensverhältnis nicht, so sehr er eben je und je vermag, sich in den unverkürzten Maßen seines gelebten Lebens erfüllen läßt, der unterfängt sich, Gottes Herrschaft über die Welt in ihrer Erfüllung zu verkürzen.

Wohl ist das Glaubensverhältnis kein Regelnbuch, in dem man jeweilen nachschlagen kann, was in dieser Stunde da zu tun ist. Was Gott von mir für diese Stunde verlangt, erfahre ich, sofern ich es erfahre, nicht eher als *in* ihr.

Aber auch dann ist es mir nicht anders gegeben, es zu erfahren, als wenn ich sie, diese Stunde, als *meine* Stunde ihm, Gott, gegenüber verantworte, wenn ich die Verantwortung für sie auf ihn zu austrage, so sehr ich eben vermag. Was mich jetzt angetreten hat, das Unvorhergesehene, Unvorhersehbare, ist Wort von ihm, Wort, das in keinem Wörterbuch steht, Wort, das jetzt gewortet worden ist, – und was es von mir heischt, ist meine Antwort an ihn. Ich worte meine Antwort, indem ich unter den möglichen Handlungen die vollziehe, die meiner hingegebenen Einsicht als die rechte erscheint. Mit meiner Wahl, Entscheidung, Handlung – Tun oder Lassen, Eingreifen oder Aushalten – antworte ich, wie unzulänglich auch, dennoch rechtmäßig dem Wort, verantworte ich meine Stunde. Diese Verantwortung kann mir meine Gruppe nicht abnehmen, ich darf sie mir von ihr nicht abnehmen lassen, sonst verkehre ich mein Glaubensverhältnis, sonst schneide ich aus Gottes Machtbereich den Bereich meiner Gruppe zurecht. Nicht aber als ob die mich in meiner Entscheidung nichts anginge – sie geht mich ungeheuer an: ich sehe ja, indem ich mich entscheide, von der Welt nicht ab, ich sehe sie an und ein, und in ihr zuvorderst, der ich mit meiner Entscheidung gerecht zu werden habe, darf ich meine Gruppe sehen, an deren Heil ich hange; dieser vor allem mag ich gerecht zu werden haben. Dies jedoch nicht für sich, sondern ihr im Angesicht Gottes; und kein Programm, kein taktischer Beschluß, kein Befehl kann mir sagen, wie ich, mich entscheidend, meiner Gruppe im Angesicht Gottes gerecht zu werden habe. Es kann sein, daß ich ihr so dienen darf, wie Programm, Beschluß, Befehl angeordnet haben; es kann sein, daß ich ihr anders dienen soll; es könnte sogar sein – wenn in meinem Entscheidungsakt so Unerhörtes mir aufginge –, daß ich grausam wider ihren Erfolg gestellt wäre, weil ich inne würde, daß Gott sie anders liebt als zu diesem Erfolg. Auf eins nur kommt es an: daß ich mein Ohr für die Situation, wie sie sich mir dartut, als für die Erscheinung des Wortes an mich öffne bis auf den Grund, wo das Hören ins Sein verfließt, und vernehme, was zu vernehmen ist, und auf das Vernommene antworte. Wer mir eine Antwort so einsagt, daß es mich am Vernehmen hindert, ist der Hinderer, er sei sonst, wer er sei.

Keineswegs ist gemeint, der Mensch müsse allein, unberaten aus seiner Brust die Antwort holen. Nichts derartiges ist gemeint: wie sollte die Weidung deren, die meiner Gruppe vorstehen, nicht wesenhaft mit eingehen in die Substanz, aus der die Entscheidung geschmolzen wird? Aber ersetzen darf sie diese nicht; es wird kein Ersatz angenommen. Wer einen Meister hat, mag ›sich‹ ihm übergeben, seine leibliche Person; seine Verantwortung nicht. Zu der muß er sich selber aufmachen, ausgerüstet mit allem in der Gruppe geschmiedeten Sollen, aber ausgesetzt dem Schicksal, daß im heischenden Augenblick alle Rüstung von ihm abfällt. Es darf sogar an dem ›Interesse‹ der Gruppe mit seiner ganzen Kraft festhalten, – bis etwa in der letzten Konfrontation mit der Wirklichkeit ein allerleisester, aber nie mißachtbarer Finger daran rührt. Das ist freilich nicht der ›Finger Gottes‹, dessen zu harren wir nicht befugt sind, und so ist nicht die geringste Gewißheit einer anders als persönlichen Richtigkeit der Entscheidung zulässig. Gott reicht mir die Situation hin, auf die ich zu antworten habe; daß er mir von meiner Antwort etwas zureichte, habe ich nicht zu erwarten; wohl bin ich antwortend seiner Gnade anheimgegeben, aber ich vermag den oberen Anteil nicht zu bemessen, auch das seligste Gnadengefühl kann täuschen. Der Finger, von dem ich rede, ist lediglich der des ›Gewissens‹, aber nicht des geläufigen, des nutzbaren, benutzten und abgenutzten, des Oberflächenspiels, mit dessen Diskreditierung man die Tatsächlichkeit einer positiven Antwort des Menschen aufgehoben zu haben wähnte; es ist das unbekannte, immer neu entdeckungsbedürftige Gewissen auf dem Grunde, auf das ich hinzeige, das Gewissen des ›Fünkleins‹, denn das echte Fünklein ist auch in der einigen Gelassenheit jeder echten Entscheidung wirkend. Die Gewißheit, die durch dieses Gewissen erzeugt wird, ist freilich nur eine personhafte; es ist die ungewisse Gewißheit; aber was *hier* Person heißt, ist eben die angerufene und antwortende. (Die Frage an den Einzelnen, W1, S. 246-249)

Mich annehmen

An und für sich schließt Leben, eben als Leben, Unrecht ein; Anaximander scheint sogar angenommen zu haben, daß die bloße Tatsache des persönlichen Daseins ein Unrecht dem Sein des Alls gegenüber bedeute, für die wir allen anderen Wesen Buße schulden; jedenfalls gibt es kein Leben ohne Lebensvernichtung. Wenn man genau zusieht, nimmt jeder irgendwem in jedem Augenblick seinen ›Lebensraum‹ weg, und wer von uns ganz genau zusähe, würde sein eigenes Leben nicht mehr ertragen können. Das eigentliche Menschsein (nicht die ›Moral‹) fängt damit an, daß man von gewissen Dimensionen an die Wirkungen des eigenen Tuns sich vergegenwärtigt und von da aus anderen Wesen nicht *mehr* wegnimmt, als man muß. Wieviel man im einzelnen Falle wirklich ›muß‹, das zu erkennen ist freilich nicht leicht, denn mächtige Triebe, der Besitzes-, der Herrschaftstrieb, mischen sich mit energischem Truge ein, aber es ist immer wieder möglich. Wir können nicht umhin, Unrecht zu tun; aber es ist uns gewährt, nicht *mehr* Unrecht tun zu müssen, als wir eben müssen, und das ist gleichbedeutend damit, daß es uns gewährt ist, Menschen zu sein.

Der Sachverhalt kompliziert sich, wenn es nicht mehr um unser individuelles Leben, sondern um das unserer Gemeinschaft geht. Hier nämlich gelingt es jenen mächtigen Trieben nur allzu leicht, das Mißtrauen, das unsere Seele deren täuschenden Manövern gegenüber hegt, einzuschläfern. Was im individuellen Leben als Unrecht durchschaut worden war, behauptet sich hier als Recht. Wir brauchen bloß ›wir‹ statt ›ich‹ zu sagen, und wir bekommen schon ein gutes Gewissen geliefert. Aber insofern es mit uns so zugeht, bedeutet das, daß wir als Personen menschlich und als Volksmitglieder unmenschlich leben. Und das ist nicht bloß für uns einzelne, sondern naturgemäß auch für das Volk fatal, das sich aus uns aufbaut. Denn das Größenverhältnis zwischen menschlichem und unmenschlichem Leben in einem Volke entscheidet letztlich nicht bloß über seinen Wert, sondern auch über sein Schicksal.

Wanderung und Siedlung eines Volkes oder erheblicher Volksteile schließt in der heutigen Menschenwelt, wo es wirtschaftlich ergiebige freie Räume wohl nicht mehr gibt, offenkundiges ›Unrecht‹ anderen Bevölkerungen gegenüber ein, denen, wenn nicht ihr gegenwärtiger Lebensraum, so doch der ihrer kommenden Geschlechter genommen wird. Für die Frage nach dem ›Müssen‹ ist der Unterschied zwischen expansiver Kolonisation, die den Besitz- und Herrschaftsbereich eines Volkes zu erweitern strebt, und konzentrativer, mit der ein Volk, das seine organische Mitte verloren hat, sie wiederzugewinnen sich unterfängt, von entscheidender Bedeutung. Wir konzentrativ Kolonisierenden dürfen unser ›Recht‹ gegen unser ›Unrecht‹ in die Waagschale werfen, und wie erst in der Stunde einer so ungeheuren, so historisch unerhörten Volkskrisis, wo große Teile der Peripherie zerschlagen worden sind und die der organischen Mitte eigentümlich regenerierende Funktion dementsprechend wachsen muß. Aber auch hier kommt es wieder auf die Erkenntnis der Grenze an. Wo man bodenständige Menschen zwangsweise aus ihrer Heimat zu verschicken plant, da ist die Grenze. Hier steht ein untilgbarer Anspruch vor uns: der des bodenbebauenden Menschen, auf seiner Scholle bleiben zu dürfen. Ich werde nie zugeben, daß hier Unrecht auf dem Weg der Messung der Werte oder der Schicksale zu Recht werden könne. Und hier, wenn irgendwo, erhebt sich die ahnende Gerechtigkeit der Geschichte. Die ›Transfer‹-Tätigkeit, die Eroberer getrieben haben, hat sich an ihnen gerächt; ein Volk, das es ihnen in gleicher Münze heimzahlen will, wird das gleiche erfahren. Ich will mein Volk bewahren, indem ich es vor einer falschen Ziehung der Grenzlinie bewahren will. (Zum Problem ›Politik und Moral‹, Ein Land und zwei Völker, S. 229ff.)

Unterscheiden

Ich habe schon einmal darauf aufmerksam gemacht, daß die solitäre Kategorie ›Mensch‹ aus einem Zusammenwirken von Distanz und Beziehung zu verstehen ist. Der Mensch steht, anders als alles andere lebende Wesen, der Welt distanzhaft gegenüber, und er kann je und je, anders als alles andere lebende Wesen, zu ihr in Beziehung treten. Nirgends manifestiert sich dieses gründende Doppelverhältnis so umfassend wie in der Sprache. Der Mensch, er allein, spricht, weil nur er das Andere, eben als das ihm distantiell gegenüberstehende Andere, ansprechen kann; indem er es aber anspricht, tritt er in die Beziehung ein. Das Werden der Sprache bedeutet jedoch auch eine neue Funktion der Distanz. Denn auch das früheste Sprechen hat nicht, wie ein Schrei oder ein Signal, sein Ende in sich: es setzt das Wort aus sich ins Sein, und das Wort besteht, es ist Bestand. Und der Bestand gewinnt sein Leben stets neu in der wahrhaften Beziehung, in der Gesprochenheit des Wortes. Das echte Gespräch bezeugt es, und das Gedicht bezeugt es. Denn das Gedicht ist Gesprochenheit, Gesprochenheit zum Du, wo immer ihm der Partner wese.

Aber – so mag gefragt werden – wenn dem so ist, wenn es nicht als Metapher, sondern als Tatsache genommen werden soll, daß das Gedicht eine Gesprochenheit ist, dann heißt das doch wohl auch, daß nicht bloß das Gespräch, sondern auch das Gedicht auf seinen Wahrheitsgehalt betrachtet werden kann? Auf diese Frage ist nur mit Ja und Nein zugleich zu antworten. Jedes authentische Gedicht ist auch wahr, aber diese Wahrheit steht außerhalb aller Relation zu einem aussagbaren Was. Gedicht nennen wir die nicht eben häufig erscheinende worthafte Gestalt, die uns eine Wahrheit zuspricht, welche auf keine andere Weise als eben auf diese, auf die Weise der Gestalt, zu Worte werden kann. Darum nimmt jede Umschreibung eines Gedichts ihm seine Wahrheit. Ich sagte: das Gedicht spricht; man darf auch sagen: der Dichter spricht, wenn man damit nur nicht den Gegenstand einer Biographie und Verfasser von allerhand Werken meint, sondern eben den lebendigen Sprecher dieses Gedichts hier. Dieser Sprecher ist als Dichter der Sprecher einer Wahrheit. Nietzsches Scherzspruch, die Dichter lögen zu viel, redet an der Tiefe dieser Wahrheit vorbei, die ins Geheimnis des bezeugenden Wie versenkt ist. Mit dem dargelegten Sachverhalt hängt auch die Problematik des Interpretierens von Gedichten zusammen, insofern es etwas anderes im Sinn hat, als das Wortgebild zu adäquaterem Vernommenwerden zu bringen. Die Begrifflichkeit, der das Ziel gesetzt ist, ein erkennbares Was zu Klärung und Geltung zu bringen, lenkt vom echten Verständnis des Gedichts ab und verfehlt die von ihm getragene Wahrheit.

Aber wenn wirklich beidem, dem Begrifflichen und dem Dichterischen, der Name der Wahrheit zukommt, wie ist eine Wahrheit zu fassen, die beides umfaßt? Zu einer ersten Antwort auf diese Frage nach den beiden Wahrheiten und der einen mag uns ein alter Text helfen, der zugleich auf das Urphänomen der Sprache hindeutet.

Eine heilige Schrift der Inder, Brahmana der hundert Pfade, erzählt, die Götter und die Dämonen seien beide dem Selbstopfer des Urzeugers entsprungen und hätten dessen Erbschaft angetreten. Dann heißt es wörtlich: ‚Die Erbschaft, das war das Wort: Wahrheit und Falschheit, zugleich Wahrheit und Falschheit. Nun sprachen diese und jene die Wahrheit, diese und jene sprachen die Falschheit. Indem sie dasselbe sprachen, waren sie einander gleich. Die Götter verwarfen nun aber die Falschheit und nahmen die Wahrheit allein an; die Dämonen verwarfen nun aber die Wahrheit und nahmen die Falschheit allein an. Da erwog jene Wahrheit, die bei den Dämonen war: ›Da, die Götter haben die Falschheit verworfen und haben die Wahrheit allein angenommen. So will ich denn hingehn.‹ Und sie kam zu den Göttern. Jene Falschheit aber, die bei den Göttern war, erwog: ›Da, die Dämonen haben die Wahrheit verworfen und die Falschheit allein angenommen. So will ich denn hingehn.‹ Und sie kam zu den Dämonen. Jetzt sprachen die Götter die ganze Wahrheit, die Dämonen sprachen die ganze Falschheit. Da die Göt-

ter einzig die Wahrheit sprachen, wurden sie schwächer und ärmer; darum, wer einzig die Wahrheit spricht, wird immer schwächer und ärmer. Aber am Ende besteht er, und am Ende bestanden die Götter. Und die Dämonen, die einzig die Falschheit sprachen, gingen auf und gediehen; darum, wer einzig die Falschheit spricht, geht auf und gedeiht. Aber am Ende vermag nicht zu bestehn, und die Dämonen vermochten nicht zu bestehn.
Es ist unserer Beachtung wert, wie hier das Schicksal des Seins durch das Sprechen des Wortes bestimmt wird, und zwar durch das Sprechen des wahren und falschen Wortes. Aber was kann uns, wenn wir die Mythe in unsre menschliche Wirklichkeit versetzen, ›wahr‹ und ›falsch‹ bedeuten? Offenbar doch nicht etwas, was erst durch das Beziehen auf ein außerhalb der Sprechenden Befindliches erfaßt werden kann. Die Mythe kennt nur die Gesamtheit der einen, noch ungeteilten Sphäre. Wir dürfen also, wenn wir von der Mythe in unsere Welt abspringen, uns keiner andern Sphäre zuwenden als der jener gemäßen. ›Einer spricht die Wahrheit‹ mag daher wohl umschrieben werden durch: ›Einer sagt, was er meint.‹ Aber was darf ›meinen‹ hier heißen? In unserer Welt und in unserer Sprache bedeutet dies offenbar, daß der Sprecher, wie er als der, der er *ist*, meint, was er meint, so auch als der, der er *ist*, sagt, was er meint. Das Verhältnis zwischen Meinen und Sagen verweist uns auf das Verhältnis zwischen der intendierten Einheit von Meinen und Sagen einerseits und der zwischen Meinen und Sagen und dem personhaften Dasein selber anderseits.
Ein besonders starker Akzent liegt in dieser Mythe auf der Feststellung, daß – in unserer Sprache ausgedrückt – die gleichsam chemisch von ihrem Falschheitsgehalt gereinigte Wahrheit im geschichtlichen Verlauf erfolglos ist. Alles kommt hier darauf an, die Worte ›aber am Ende besteht er‹ richtig auszulegen. Es ist dies keine Äußerung einer optimistischen Geschichtsauffassung und auch kein eschatologischer Spruch. ‚Am Ende heißt uns: in der reinen Rechnung der persönlichen Existenz. In der religiösen Sprache wird gesagt: ›Wenn die Bücher aufgeschlagen werden‹; aber das ist nicht dort und dann, sondern hier und jetzt.
Die Wahrheit, um die es solcherweise geht, ist nicht die sublime, dem Sein selber eignende ›Unverborgenheit‹, die Aletheia der Griechen; es ist die schlichte Wahrheitskonzeption der hebräischen Bibel, deren Etymon ›Treue‹ bedeutet, die Treue des Menschen oder die Treue Gottes. Die Wahrheit des

Wortes, das wahrhaft gesprochen wird, ist in ihren höchsten Formen, so im Gedicht und ungleich mehr noch so in dem botschaftsartigen Spruch, der aus der Stille über eine zerfallende Menschenwelt niedergeht, unzerlegbare Einheit. Sie ist Erscheinung ohne mitgegebene Diversität der Aspekte. In allen andern ihrer Formen aber ist dreierlei an ihr zu unterscheiden. Sie ist zum ersten getreue Wahrheit im Verhältnis zu der einst vernommenen und nun ausgesprochenen Wirklichkeit, auf die zu sie das Fenster der Sprache weit auftut, damit sie dem Hörer unmittelbarer vernehmbar werde. Sie ist zum zweiten getreue Wahrheit im Verhältnis zu dem Angesprochenen, den der Sprecher als solchen meint, gleichviel, ob er namentragend oder anonym, vertraut oder fremd sei. Und einen Menschen meinen, heißt nicht weniger als mit dem aussendbaren Seelenelement, mit der ›Außenseele‹, bei ihm sein und seiner Einsicht bestehen, so fundamental man auch zugleich bei sich selbst bleibt und bleiben muß. Und zum dritten ist die Wahrheit des Wortes, das wahrhaft gesprochen wird, getreue Wahrheit im Verhältnis zu seinem Sprecher, das heißt zu dessen faktischer Existenz in all ihrem verborgenen Bau. Die menschliche, dem Menschen gewährte Wahrheit, von der ich rede, ist kein Pneuma, das sich von oben auf die überpersonhafte gewordene Schar ergießt: sie tut sich einem eben in seiner Personhaftigkeit an. Diese konkrete Person steht mit ihrer Treue in dem ihr zugewiesenen Lebensraum für das Wort ein, das von ihr gesprochen wird. (Das Wort, das gesprochen wird, W1, S.449-453)

Ich nehme mich ernst

Verantwortung setzt einen primär, d. h. aus einem nicht von mir abhängigen Bereich mich Ansprechenden voraus, dem ich Rede zu stehen habe. Es spricht mich um etwas an, das er mir anvertraut hat und das mir zu betreuen obliegt. Er spricht mich von seinem Vertrauen aus an, und ich antworte in meiner Treue oder versage die Antwort in meiner Untreue oder aber ich war der Untreue verfallen und entringe mich ihr durch die Treue der Antwort. Dieses: einem Vertrauenden über ein Anvertrautes so Rede stehen, daß Treue und Untreue zutage tritt, beide aber nicht gleichen Rechtes, da eben jetzt die wiedergeborne Treue die Untreue überwinden darf, – dies ist die Wirklichkeit der Verantwortung. Wo mich, weil alles ›Mein Eigentum‹ ist, kein primärer Anspruch berühren kann, ist die Verantwortung ein Schemen geworden. Damit jedoch zugleich zerrinnt der Gegenseitigkeitscharakter des Lebens. Wer nicht mehr Antwort gibt, vernimmt das Wort nicht mehr. (Die Frage an den Einzelnen, W1, S. 222)

Aktiv sein in der Welt

Es gibt jedoch zwei Grundhaltungen, bei denen die Identifizierung mit dem öffentlichen Wesen der Konkretion, die Achtsamkeit auf die Personen abwehrt und sich, vorübergehend oder dauernd, behauptet; untereinander sehr verschieden üben sie doch oft fast die gleiche Wirkung aus. Die eine entstammt dem Begeisterungsakt ›historischer‹ Stunden: die Menge aktualisiert sich, sie tritt in die Handlung ein und verklärt sich in ihr, und von rauschhafter Ekstasis überwältigt taucht die Person in der Bewegung des öffentlichen Wesens unter. Hier gibt es kein entgegenstrebendes, hemmendes Wissen um die Anderheit der andern Personen: die Verklärung der Menge überglänzt alle Anderheit, und der feurige Identifikationstrieb kann ein wirkliches ›Familien‹-Gefühl für den Unbekannten erzeugen, der im Demonstrationszug mitwallt oder im enthusiastischen Straßenwirbel einem in die Arme rennt. Die andere Grundhaltung ist eine passive und stetige; es ist das gewohnte ›Mitmachen‹ der öffentlichen Meinung und der öffentlichen ›Stellungnahme‹. Hier bleibt die Menge latent, sie erscheint nicht mengenhaft, sie wirkt nur, und zwar wie man weiß so, daß ich entweder der Meinungsbildung und Entscheidung gänzlich enthoben oder in einer trüben Schicht der Innerlichkeit gewissermaßen der Ungültigkeit meines Meinens und Entscheidens überführt und an dessen Stelle mit einem beglaubigt gültigen ausgestattet werde. Der Anderen werde ich hierbei gar nicht gewahr, da es ihnen ebenso ergeht wie mir und ihre Anderheit übertüncht worden ist.

Von diesen beiden Grundhaltungen ist die erste solcher Art, daß sie uns über die Konfrontation mit der großen Gestalt der Anderheit im öffentlichen Wesen, über die schwerste der innerweltlichen Aufgaben, hinweg in das geschichtliche Mengenparadies verzückt; die zweite unterhöhlt den Boden, auf dem die Konfrontation zu vollziehen ist, sie wischt die eindringlichen Zeichen der Anderheit aus und überzeugt uns sodann anschaulich, daß die Einerleiheit das Eigentliche sei.

Von hier aus ist Kierkegaards Verwechslung des öffentlichen Wesens mit der Menge zu verstehen. Er kennt das öffentliche Wesen zwar auch in der Form des Staates, der ihm aber nur eine transzendenzfremde Tatsache in der Relativitätswelt ist, respektabel, aber für das religiöse Verhältnis des Einzelnen ohne Belang; sodann eben kennt er eine Menge, die nicht respektabel, aber von stärkstem negativem Belange ist, die Transzendenz wohl angehend, aber als die kompakte Teufelei.

Dieser für das Denken unsrer Zeit in wachsendem Maße folgenreichen Verwechslung ist mit der Kraft der Unterscheidung entgegenzutreten.

Der Mensch in der Menge – das ist ein Span, in ein Bündel gepreßt, das, der Strömung überliefert oder durch einen Stecken uferher Richtung um Richtung empfangend, im Wasser treibt. Mags dem Span zuweilen wie Eigenbewegung erscheinen, er hat keine, und auch dem Bündel, in dem er treibt, wohnt nur eine Illusion davon ein. Ich weiß nicht, ob Kierkegaard recht hat, wenn er sagt, die Menge sei die Unwahrheit, – ich möchte sie eher als die Nichtwahrheit bezeichnen, da sie ja (zum Unterschied von manchen ihrer Herren) gar nicht auf der gleichen Ebene mit der Wahrheit, gar nicht ihr entgegengesetzt ist. Aber die Unfreiheit ist sie sicherlich. Wie Unfreiheit beschaffen ist, kann man nicht unter dem Druck eines Verhängnisses, sei es Zwang einer Not oder von Menschen, zulänglich erfahren, da einem immer noch die Auflehnung des innersten Herzens, die stumme Appellation an das Geheimnis der Ewigkeit verbleibt; zulänglich erfahren kann mans nur in die Menge eingebündelt, meinend was sie meint, wollend, was sie will, und nur noch stur wahrnehmend, daß es sich so mit einem verhält.

Ganz anders der Mensch, der mit dem öffentlichen Wesen lebt. Das ist nicht Bündelung, sondern Verbindung. Er ist jenem verbunden, angelobt, angetraut, also dessen Schicksal miterleidend, vielmehr: es erleidend, stets es zu erleiden willens und bereit, aber sich keiner der Bewegungen dieses Wesens blind überlassend, vielmehr jeder gegenüber wach und sorgend, daß sie die Wahrheit und die Treue nicht verfehle. Er sieht die Gewalten antreiben – und sieht Gottes übergewaltige Hände in der Höhe verhalten, damit die Sterblich-unsterblichen da unten sich selber entscheiden können. Er weiß sich in all seiner Schwäche in den Dienst der Entscheidung gestellt. Ists Menge, entscheidungsfremde, entscheidungswidrige Menge, was ihn umwimmelt, er nimmt sie nicht hin: an dem Ort, wo er steht, erhöht oder unscheinbar, mit den Kräften, die er besitzt, verdichtete Obmacht oder verhallendes Wort, tut er das Seine, um die Menge zu entmengen. Die Anderheit breitet sich um ihn, die Anderheit, der er angelobt ist; aber nur in der Gestalt *des* Andern, jeweils des Andern, des begegnenden Andern, des aufgesuchten Andern, des aus der Menge geholten Andern, des ›Genossen‹, nimmt er sie in sein Leben auf. Auch wenn er zur Menge zu reden hat, sucht er die Person, denn nur durch Personen, durch Bewährung von Personen kann Volk zu seiner Wahrheit finden und wiederfinden. *Das* ist der Einzelne, der ›die Menge umsetzt in Einzelne‹ – wie könnte es einer sein, der der Menge fernbleibt! Kein Vorenthaltener kann es sein, nur ein Hingegebener; ein Hingegebener, kein Anheimgegebener. Es ist ein paradoxes Werk, an das er seine Seele setzt, die Menge entmengen: es heißt aus der Menge auf die Bahn der Schöpfung bringen, die zum Reiche führt. Und richtet er nicht viel aus, er hat Zeit, er hat Gottes eigene Zeit. Denn wer Gott und den Genossen in einem liebt, bekommt, wiewohl in aller Brüchigkeit des Menschentums verbleibend, Gott zum Genossen.

›Der Einzelne‹ ist nicht, wer wesentlich mit Gott und nur unwesentlich mit den Andern sich einläßt, in Unbedingtheit mit Gott und in Bedingtheit mit dem öffentlichen Wesen umgeht. Sondern das ist der Einzelne, wem die Beziehungswirklichkeit zu Gott, die ausschließliche, die Beziehungsmöglichkeit zu aller Anderheit einschließt und umschließt, und dem das ganze öffentliche Wesen, der Speicher der Anderheit, der Anderheit eben genug darbietet, um sein Leben damit zu verbringen. (Die Frage an den Einzelnen, W1, S. 242ff.)

Liebe geschieht

Auf die Frage – eine nicht ihn zu ›versuchen‹ ersonnene, vielmehr eine geläufige und bedeutungsreiche Streitfrage der Zeit –, welches das alle andern umfassende und begründende, das ›große‹ Gebot sei, antwortet Jesus, indem er die zwei Gebote des Alten Testaments, die für die Antwort vor allem zur Wahl standen, zusammenbindet: ›Liebe Gott mit all deiner Macht‹ und ›Liebe deinen Genossen dir gleich‹. Zu ›lieben‹ sind also beide, Gott und der ›Genosse‹ (d. h. der Mensch nicht im allgemeinen, sondern der mir jeweils lebensmäßig begegnende Mensch), aber auf verschiedene Weise: der Genosse als der mir Gleiche (nicht ›wie ich mich liebe‹, man liebt sich selbst eben nicht in letzter Wirklichkeit, man soll sich vielmehr erst durch die Genossenliebe selbst lieben lernen), dem ich also Liebe erweisen soll, wie ich will, daß mir Liebe erwiesen werde, – Gott aber mit all meiner Seele und mit all meiner Macht. Damit, daß Jesus beides zusammenbindet, hebt er die Wahrheit des Alten Testaments ans Licht, daß Gott und der Mensch nicht Rivalen sind. Die ausschließliche (›mit *all* deinem Herzen‹) Liebe zu Gott ist, *weil er Gott ist*, die einschließliche Liebe, bereit alle Liebe aufzunehmen und einzuschließen. Gott schafft nicht sich, er erlöst nicht sich, ja er offenbart, indem er ›sich offenbart‹, nicht sich: nicht einmal seine Offenbarung hat ihn zum Gegenstand. Er beschränkt sich in all seiner Schrankenlosigkeit, er macht Raum für die Wesen, – und so macht er in der Liebe zu ihm Raum für die Liebe zu den Wesen. (Die Frage an den Einzelnen, W1, S. 229f.)

Buber-Biographie in aller Kürze

> »..., ich zeige etwas an der Wirklichkeit, was nicht oder zu wenig gesehen worden ist. Ich nehme ihn, der mir zuhört, an der Hand und führe ihn zum Fenster. Ich stoße das Fenster auf und zeige hinaus.
> Ich habe keine Lehre, aber ich führe ein Gespräch«.[1]

So schaut Martin Buber in seinem achten Lebensjahrzehnt auf sein Leben und sein philosophisches Werk zurück. Sein Rückblick zeigt uns, dass Buber nicht in erster Linie ein Theoretiker, sondern ein Lehrer ist, der seine Wahrnehmung mit dem echten Leben verbinden will und darin auch seine pädagogische Wirkung sieht. Seine Zuneigung zu den Mitmenschen spricht uns an: Er hat keine Lehre, sondern bietet das Gespräch, den Dialog, die Begegnung, das Gegenüber, das Ich-Du an. Denn nur hier geschieht die Wahrheit des Lebens, nur dort ist sie zu finden.
Der dafür entscheidende Schritt eines jeden Menschen ist sein Du sagendes Ich. Hierfür muss der Mensch wissen, woher er kommt und wohin er will und nach welchen Werten er wirklich lebt, ohne sich etwas vorzumachen. Dazu gehört auch, die je einmalige Einsamkeit bzw. die einsame Einmaligkeit des persönlichen Lebens anzunehmen. Diese Selbstannahme ist kein Ergebnis eines tiefen Denkens, nein, darauf weist Martin Buber immer wieder hin, vielmehr geht es darum, zwischendurch dem Lebensalltag eine Pause zu schenken, um neu und offen für zwischenmenschliche Beziehungen zu sein. Martin Buber nennt diesen Vorgang Ur-Distanzierung oder die Abgerücktheit des Menschen zu den Dingen.

Um mit Martin Bubers geistigem Erbe in den Dialog zu treten, scheint es sinnvoll zu wissen, woher er kommt, wohin er will und vor wem er sich verantwortet.

Die Herkunft und ersten Lebensjahrzehnte

Martin Buber wird 1878 in Wien geboren. Er ist das einzige Kind seiner jüdischen Eltern Carl Buber und Elise Wurgast. Wegweisend ist die Scheidung seiner Eltern vier Jahre später. Die Mutter verlässt ihn und seinen Vater, was den späteren Philosophen des Dialogs Anlass gibt, von »Vergegnung« im Vergleich zur gelungenen Begegnung zu sprechen. Er spürt, wie wichtig persönliche und ernstgemeinte Gespräche im Leben eines jeden Menschen sind.

---

[1] Martin Buber: Aus einer philosophischen Rechenschaft, in: Werke, Erster Band, Schriften zur Philosophie, Kösel Verlag München und Verlag Lambert Schneider Heidelberg 1962, S. 1114.

So wächst Martin Buber bis zu seinem 12. Lebensjahr bei seinen Großeltern in Lemberg/Polen auf. Dort genießt er eine sprachlich orientierte Erziehung. Sein Großvater ist ein berühmter jüdischer Gelehrter und seine Großmutter eine Frau, die heimlich Goethe liest.
Martin Bubers Großmutter und Mutter sind nicht die einzigen, die sein Leben stark beeinflussen.

Noch während seines Studiums der Philosophie, Literatur, Kunstgeschichte, Germanistik, Psychologie und Psychiatrie, das ihn nach Leipzig, Wien und Berlin und zum Schluss nach Zürich bringt, lernt er um die Jahrhundertwende im letzten Ort seine spätere Ehefrau Paula Winkler kennen. Paula Winkler ist eine außergewöhnliche Frau. Schon damals lebt sie als katholisches Mädchen in einer der modernen Kommunen in Bayern. Theodor Lessing beschreibt sie als einen unbändigen Hengst.
Martin Buber und Paula Winkler ertanzen sich die Herzen am Zürcher See. Noch vor der Hochzeit ist Paula schwanger. Sie heirateten bald. In den folgenden Jahren kommen Rafael und Eva zur Welt. Paula Winkler-Buber konvertiert zum Judentum.

Der chassidische Weg

Gleichzeitig findet Buber zurück zu seinen jüdischen Wurzeln, denen er zuerst beim Großvater Salomon Buber begegnet ist. Buber entdeckt den Chassidismus. Dieser ist eine Lebenspraxis jüdischer Religiosität, in der mit der Existenz Gottes auf der Welt, d. h. in der Gegenwart, Ernst gemacht werden soll. Weg und Ziel sind das Leben im Hier und Jetzt zu verwirklichen.

Folgende Geschichte über »Die Spieler« von Seew Wolf von Zbaraž aus den Erzählungen der Chassidim veranschaulicht die Lebenshaltung:

> »Ein Chassid verklagte einst vor Rabbi Wolf einige Leute, daß sie ihre Nächte beim Kartenspiel zu Tagen machten. ›Das ist gut‹, sagte der Zaddik. ›Wie alle Menschen, wollen auch sie Gott dienen und wissen nicht wie. Aber nun lernen sie sich wach halten und bei einem Werk ausharren. Wenn sie darin die Vollendung erlangen, brauchen sie nur noch umzukehren – und was für Gottesdiener werden sie dann geben!‹«[2]

---

[2] Martin Buber: Werke, Dritter Band: Schriften zum Chassidismus, Kösel Verlag München und Verlag Lambert Schneider Heidelberg 1963, S. 279.

Martin Buber zieht sich für fünf Jahre vom Schreiben und von Vortragsreden zurück. Er widmet sich allein den aus dem 18. Jahrhundert stammenden chassidischen Schriften, die insbesondere auf Rabbi Baal-Schem-Tow beruhen.
Erst 1927 gibt Buber eine Sammlung seiner Schriften zum Chassidismus heraus. Im Vorwort des dritten Bandes seiner Werke bezieht sich Buber auf einige Sätze, die er damals formuliert hat. Hier wird offenbar, welchen Einfluss die chassidische Deutung des Judentums auf seine eigene Lebenshaltung hat:

> »Seit ich die Arbeit am chassidischen Schrifttum begonnen habe, ist es mir um die Lehre und den Weg zu tun. Aber damals meinte ich, das sei etwas, was man auch bloß betrachten könne und dürfe; seither habe ich erfahren, daß die Lehre zum Lernen und der Weg zum Gehen da ist.«[3]

Somit steht das wirkliche Leben im Mittelpunkt seines Handelns, dessen Teil auch Ausdruck seines scharfsinnigen Denkens ist. Das gesprochene und geschriebene Wort sind Spiegel seines konkreten Schaffens. Vor dem Wort zeigt Buber seine wahre Gottesfurcht, die ihn von vielen anderen Philosophen und Philosophinnen unterscheidet. Zu Unrecht suchen neugierige Menschen Bubers philosophisches Werk im Bereich der Theologie. Buber hat nie eine Theologie schreiben wollen. Im Gegenteil, er wendet sich gegen eine systematische Darstellung eines erfahrbaren Glaubens, der wiederum in der philosophischen Darstellung nur begrenzt aufzeigbar ist. Dennoch sind Bubers Aussagen mit einem tiefen Glauben an Gott verbunden.

Ist Buber fest davon überzeugt, dass der Mensch erst mit Gott ins Gespräch kommt, wenn er seinem Mitmenschen wirklich begegnet ist, kann er diesen ohne Gott auch nicht ernsthaft meinen:

> »Manche wollen verweisen, das Wort Gott rechtmäßig zu gebrauchen, weil es so mißbraucht sei. Und gewiß ist es das beladenste aller Menschenworte. Eben darum ist es das unvergänglichste und unumgänglichste. Und was wiegt alle Irr-Rede über Gottes Wesen und Werke (wiewohl es keine andere gegeben hat und geben kann) gegen die Eine Wahrheit, daß alle Menschen, die Gott angesprochen haben, ihn selbst meinten? Denn wer das Wort Gott spricht und wirklich Du im Sinn hat, spricht, in welchem Wahn immer er befangen sei, das wahre Du seines Lebens an, das von keinem andern eingeschränkt zu werden vermag und zu dem er in einer Beziehung steht, die alle andern einschließt.
> Aber auch wer den Namen verabscheut und gottlos zu sein wähnt, wenn der mit seinem ganzen hingegebnen Wesen das Du seines Lebens anspricht, als das von keinem andern eingeschränkt zu werden vermag, spricht er Gott an.«[4]

---

3 Ebd., S. 7.

4 Martin Buber: Ich und Du, in: Werke, Erster Band, ebd., S. 128.

1904 promoviert Buber in Wien. Er befasst sich mit christlichen Theologen und Philosophen. Das Thema seiner Arbeit lautet *Beiträge zur Geschichte des Individuationsproblems*. Dabei bezieht er sich auf Nikolaus von Cues und Jakob Böhme.
Erst danach beginnen der eigentliche Rückzug aus der politischen Praxis und die tiefe Auseinandersetzung mit dem Chassidismus.

Die Berliner Zeit

Die Familie Buber-Winkler übersiedelt 1906 nach Berlin. Dort zeigt sich, dass das Ehepaar nicht nur eine familiäre Lebensgemeinschaft ist, sondern auch eine literarische.
Unbestritten bleibt die Mitarbeit von Paula Winkler an der Herausgabe der chassidischen Geschichte und dem Hauptwerk Bubers, *Ich und Du*. Sie ist nicht nur als Lektorin beteiligt. Zudem schreibt Paula Buber selbst Bücher, die unter dem Pseudonym Georg Munk herausgegeben werden.
Ihr bekanntestes Werk ist der Roman *Muckensturm*, der über das Leben in einer deutschen Kleinstadt während des Nationalsozialismus erzählt.

Von Berlin aus unternimmt Buber viele Reisen. Noch in der Schweiz bricht er mit dem Führer Theodor Herzl. Buber teilt die Idee eines eigenen israelischen Staates, jedoch nicht den übertriebenen Selbstbehauptungswillen einer Nation. Er will nicht auf Kosten der in Palästina lebenden Araber einen jüdischen Heimatort entstehen lassen.

In Berlin gibt Buber bedeutsame Zeitschriften heraus. Er versucht sogar Sigmund Freud als Aufsatzautoren zu gewinnen. Freud entgegnet 1908 aus der Bergstraße in Wien mit folgenden Zeilen:

»Sehr geehrter Herr Doktor
Ich möchte nicht auf Ihren Besuch verzichten, wenn Sie in nächster Zeit nach Wien kommen. Ich werde Ihnen auseinandersetzen, an welchen Verhältnissen die Mitarbeiterschaft, die Sie mir antragen und auf die ich herzlichen Dank sage, scheitern dürfte.
Ihr in Hochachtung ergebener
Freud«.[5]

Die Mitarbeit Freuds scheint an den unterschiedlichen Lebenshaltungen der beiden Männer zu scheitern, die sich später in ihren Auseinandersetzungen mit »Moses« veranschaulichen. Buber zeigt sich verwundert und bedauert, dass Freud in seinem Buch *Der Mann Moses und die monotheistische Religion* ein »unwissenschaftliches, auf grundlosen Hypothesen haltlos gebautes« Werk 1939 herausgibt.[6]
Schon im Vorfeld seiner Veröffentlichung ahnt Freud Bubers Kritik, wenn er in einem Brief an seinen psychoanalytischen Kollegen Max Eitingon folgende Zeilen schreibt:

»Martin Buber's fromme Redensarten werden der Traumdeutung wenig schaden. Der Moses ist weit vulnerabler und ich bin auf den jüdischen Ansturm gegen ihn vorbereitet.«[7]

Anhand der exemplarischen Auseinandersetzung wird das Ringen um Deutungen zwischen zwei jüdischen Menschen deutlich. Diesbezüglich sind beide fast toratreu, denn es gilt, dass jedeR seine/ihr eigenartige Stellungnahme zur Welt und zu

---

5 Martin Buber Archiv Jerusalem: Arc. Ms. Var. 211.1

6 Martin Buber: Vorwort, in: Moses, Lambert Schneider, Gerlingen 1994, S. 7.

7 The Freud Museum (Hg.): The Diary of Sigmund Freud 1929-1939. A Record of the Final Decade, London 1992, S. 307.

den Menschen gibt. Trotz seiner kritischen Haltung hält Buber Kontakt zu Menschen dieser Ideologie. Er kennt Lou Andreas-Salomé, eine Schülerin Sigmund Freuds. Sie schreibt sogar einen Beitrag für die *Gesellschaft*, dessen Verlagslektor Martin Buber ist. Und der berühmte Psychoanalytiker und Erzieher Siegfried Bernfeld ist in den 20er Jahren sein Privatsekretär.

Einzigartige Menschen

Gustav Landauer wird um die Jahrhundertwende ein einzigartiger Freund im Leben Martin Bubers. Landauer, ein politischer Schriftsteller, schreibt ebenfalls für die *Gesellschaft* eine Monographie über die *Revolution.*
Der um acht Jahre ältere Landauer teilt mit seinem Freund das Interesse und Engagement an und für Sozialismus, Anarchie und Mystik. Insbesondere wie Menschen eine »gute« Gemeinschaft leben können, fragen sich die beiden Männer. Sie gründen kurz vor Ausbruch des Ersten Weltkrieges den »Forte-Kreis«, der die »Einigung der Menschheitsvölker« vorwärtsbringen will. In diesem Kreis spiegelt sich dann das an Meinungsvielfalt wider, was der Erste Weltkrieg unter den Menschen auslöst. Buber teilt die positive Aufregung und Hoffnung, dass dieser Krieg neue Veränderung bringen mag. Landauer ist es, der ihn mit dem Schrecken und dem Leid eines solchen unmenschlichen Weges konfrontiert. Tatsächlich erkennt Buber dadurch seine persönliche Weltabgewandtheit und seine damit verbundene Krise dem konkreten Leben gegenüber.
Der gewaltsame Tod seines Freundes stürzt ihn erneut in eine direkte Auseinandersetzung mit Krieg und Gemeinschaft. Gustav Landauer wird 1919 in München bei den revolutionären Unruhen ermordet.

Umzug nach Heppenheim

Während des Ersten Weltkrieges übersiedelt die Familie nach Heppenheim an der Bergstraße. Ein Grund für den Umzug ist Bubers Empfindsamkeit gegenüber Lärm und Hektik. Die Ruhe an der Bergstraße entspricht seinem persönlichen Rhythmus als tiefsinnigem Denker und feinen Beobachter gesellschaftlicher Realität. Die echte Wirklichkeit hat es ihm angetan. Er will etwas zeigen, was zu wenig gesehen wird, und zwar einen zwischenmenschlichen Raum, der den Menschen spiegelt, wer sie wirklich sind und wohin ihr Leben gehen soll.

Begegnung, das echte Gespräch, das Zwischen und Dazwischen sind prägnante Schlagworte seines dialogischen Denkens. Buber beginnt mit der ersten Niederschrift seines bekanntesten Werkes *Ich und Du*. Er will das Wie friedvoller Menschenbeziehungen aufzeigen.
Mit dem Umzug nach Heppenheim wandelt sich Bubers Haltung zur Welt. Er verbindet seine mystischen Erkenntnisse mit aktueller Wirklichkeit.

Ein weiterer wichtiger Freund im Leben von Martin Buber ist der Philosoph Franz Rosenzweig. Zusammen beginnen sie eine Neuverdeutschung der hebräischen Bibel, d. h. aus christlicher Sicht des Alten Testaments. Dies geschieht in den 30er Jahren.
Zuvor hat Rosenzweig sein Hauptwerk *Stern der Erlösung* veröffentlicht. Hierin zeigen sich Aspekte eines neuen Denkens, das auch Martin Bubers Werk kennzeichnen wird. Es geht darum, angesichts pauschaler Aussagen und Schablonen – auch von Seiten der Religionen – die Sichtweise auf das Einzigartige des Menschen zu erhalten und die Begegnung mit dem Mitmenschen in den Vordergrund zu stellen.

Franz Rosenzweig und Martin Buber kennen sich schon seit 1914. Bubers Zugewandtheit zur Mystik hält Rosenzweig jedoch für eine Weltabgekehrtheit. Deswegen distanziert er sich erst einmal von ihm.
Die intensive Freundschaft beginnt Anfang der 20er Jahre. Rosenzweig gewinnt Buber zur Mitarbeit am Freien Jüdischen Lehrhaus in Frankfurt am Main. 1925 beginnen die Freunde mit der Bibel-Übersetzung. Als Rosenzweig an einer unheilbaren Muskelschwäche stirbt, sind sie bis zum 53. Kapitel der Propheten Jesaija vorgedrungen.
Noch vor diesem zu frühen Tod kann Rosenzweig Buber dazu bewegen, einen Lehrauftrag und dann später eine Honorarprofessur an der Frankfurter Universität anzunehmen. Diese übernimmt Buber 1930 für den Bereich jüdischer Religionswissenschaft.

Ich und Du

Zwischenzeitlich (1923) veröffentlicht Buber den kleinen Band *Ich und Du*.
Hier klärt sich Bubers Abkehr von der Mystik zu den realen Problemen der Wirklichkeit. Hat Buber noch 1914 begeistert über den Krieg gesprochen, ist er durch seinen besten Freund Landauer zum überzeugten Pazifisten geworden. Diese Aus-

einandersetzung motiviert ihn auch, darüber nachzudenken, wie Krieg praktisch verhindert werden kann. Martin Bubers weltweit bekanntestes Werk entsteht: *Ich und Du*.

Der Autor versucht, Antwort darauf zu geben, was der Mensch braucht und ist, um wirklich zu leben. Es geht dabei um keine Technik, sondern einen Glaube an das Gute im Menschen, das sich mit dem Bösen verbinden muss, um eine Kraft entstehen zu lassen, die das Leben vorwärtsbringt:

> »Das Du begegnet mir von Gnaden – durch Suchen wird es nicht gefunden. ... Das Du begegnet mir. Aber ich trete in die unmittelbare Beziehung zu ihm. So ist die Beziehung Erwähltwerden und Erwählen, Passion und Aktion in einem. Wie denn eine Aktion des ganzen Wesens, als die Aufhebung aller Teilhandlungen und somit aller – nur in deren Grenzhaftigkeit gegründeter – Handlungsempfindungen, der Passion ähnlich werden muß.
> Das Grundwort Ich-Du kann nur mit dem ganzen Wesen gesprochen werden. Die Einsammlung und Verschmelzung zum ganzen Wesen kann nie durch mich, kann nie ohne mich geschehen. Ich werde am Du; Ich werdend spreche ich Du.
> Alles wirkliche Leben ist Begegnung.«[8]

Bubers Werk zeigt, dass es nicht um eine aufgesetzte Ordnung von außen geht, sondern um eine Haltung dem Du gegenüber. Grundlegende Melodie dieser Schrift ist die zweifache Haltung des Menschen zur Welt: Entweder steht der Mensch in einer echten Beziehung zu seinem Gegenüber, d. h. in der Ich-Du-Haltung, oder er benutzt Dinge, wie Menschen in ihren jeweiligen Funktionen, d. h. in der Ich-Es-Haltung. Entscheidend ist in dieser Betrachtungs- und Lebenshaltung, dass der Mensch ausschließlich im Ich-Du sein wahres Selbst-Sein lebt. Das Ich-Du ist das wirkliche Leben mit den Mit-Menschen. Menschen sind sich gegenseitig, gegenwärtig und ehrlich zugewandt. Im Ich-Du liegt die Quelle für Freude und Erfüllung eines sinnvollen Lebens. Die Herausforderung liegt darin, dass das Ich-Du nicht gemacht oder kontrolliert werden kann. Es geschieht. Der Mensch lässt los und lässt sich auf den anderen Menschen ein und schaut, was passiert. Dazu gehört Vertrauen. Dieses gewinnt der Mensch aus seiner rückhaltlosen Geneigtheit zum Du heraus. Notwendig ist dafür das konkrete Ich eines Menschen, der sich auf sein Du-Sagen nur vorbereiten kann, denn das Ich-Du geschieht unmittelbar, ohne Ankündigung.

Diese Haltung zum Leben ist allein durch Lesen nicht zu begreifen. Deshalb wirkt der dialogische Ansatz zunächst verwirrend und unzugänglich. Jedoch kennt, weiß und erinnert jeder Mensch eine schöne Begegnung, ein fruchtbares Gespräch mit anderen Menschen. Und genau das meint Buber, wenn er »eine Wirklichkeit zei-

---

[8] Martin Buber: Ich und Du, Lambert Schneider, Gerlingen 1994, S. 18.

gen« will. Die Ich-Du-Wirklichkeit ist Ort und Raum von Wachstum und ganzheitlicher Selbst-Erkenntnis. Das Ich-Du ist ein Ort ehrlichen Lernens und Lehrens. In der Ich-Du-Beziehung geschieht echte Menschenliebe, denn das Ich-Du geschieht nur bei Abwesenheit von ungerechter Macht und selbstbezogenem Ausnutzen des Gegenübers.
Dies heißt nicht, dass eine Ich-Es-Haltung schlecht ist. Der Mensch braucht das Ich-Es, um eine echte Distanz zu seinen Mitmenschen, den Dingen und der Welt zu entwickeln. Ohne ein Ich-Es ist ein Ich-Du unmöglich.

Buber erhält die unterschiedlichsten Rückmeldungen zu seinem dialogischen Grundlagenwerk.
Rosenzweig ist der genaueste Kritiker am *Ich und Du.* Insbesondere die Vernachlässigung einer feineren Darstellung der Ich-Es-Haltung wirft er dem Kollegen vor.

Judenverfolgung

Der Zweite Weltkrieg und der Nationalsozialismus zwingen Buber, seine Professur an der Frankfurter Universität und seine Arbeit am Frankfurter Lehrhaus aufzugeben.
Wie die Nationalsozialisten das menschliche Leben zerstören, ist ein Beispiel, wenn das Menschsein nicht mehr mit der eigenen Stimme verbunden wird. Die menschliche Suche nach Bestätigung und Bindung zeigen Buber, wie attraktiv Gruppen für Menschen, aber auch wie verführerisch sie sind, das eigene Leben aufzugeben.

In seiner jüdischen Bildungsarbeit will Buber den Menschen dann Sicherheit in der Unsicherheit vermitteln: Worauf kann sich der Mensch in einer unmenschlichen Umgebung verlassen? Was hält den Menschen im Untergang aufrecht? Was ist die rechte Ordnung angesichts von mörderischer Härte?

Welche Gedanken Buber in Hinblick auf Krieg und Unterdrückung hat, wird am öffentlich ausgetragenen Briefwechsel mit Mahatma Gandhi anschaulich. Gandhi vergleicht die Situation der Juden mit der der Inder und fordert das jüdische Volk zum gewaltlosen Widerstand auf. Diese Möglichkeit einer Nebeneinanderstellung lehnt Buber entschieden ab:

> »Aber wissen Sie, oder wissen Sie nicht, Mahatma, was ein Konzentrationslager ist und wie es darin zugeht, welches die Martern des Konzentrationslagers, welches seine Methoden des langsamen und des schnellen Umbringens sind? ... Man kann einsichtslosen Menschen-

seelen gegenüber eine wirksame Haltung der Gewaltlosigkeit einnehmen, auf Grund der Möglichkeit, ihnen dadurch allmählich Einsicht beizubringen, aber einer dämonischen Universalwalze kann man so nicht begegnen.«[9]

Hierin wird deutlich, wie genau Buber die Gefahr erkennt und ebenso die Grenzen seines eigenen Handelns. Dies zeigt sich schließlich im Spiegel seiner Schriften. Er darf einerseits nur wenig veröffentlichen, und andererseits versagt ihm das Wort angesichts der nationalsozialistischen Gräueltaten. Seine Haltung gegenüber diesem Unheil drückt er in dem Aufsatz *Der jüdische Mensch von heute* aus: Es geht darum, mit der eigenen Menschenwürde Stand zu halten und die damit verbundene Spannung auszuhalten.

Nach Palästina

Mit der gleichen Haltung steht er dem jüdisch-arabischen Konflikt und den Auswanderungsprozessen jüdischer Menschen nach Palästina gegenüber.
1938 muss Buber mit seiner Familie Deutschland verlassen und emigriert nach Palästina, das er als ein Land mit zwei Völkern betrachtet.

In Jerusalem arbeitet er an der Hebräischen Universität. Dort hält ihn die jüdische Orthodoxie ab, seine ihm ureigenen Themen zu lehren. Ihm wird deswegen eine Professur für Sozialphilosophie im Rahmen von Soziologie gegeben.
Martin Buber ist gläubig gewesen, was er nicht im Befolgen von Ritualen äußert. Nur selten und dann auf Einladung geht Martin Buber in die Synagoge oder befolgt traditionellen Gesetzen des Judentums. Gerade deswegen wird er nicht als Experte seiner Religion angesehen. Dies scheint nahezu paradox, da er seit Mitte der 20er Jahre die Bibel übersetzt und sich mit dem Chassidismus auseinandersetzt. Später nennt er sein Gedankenwerk Ausdruck eines hebräischen Humanismus, was wiederum zeigt, aus welcher Perspektive Martin Buber denkt und lenkt.
Er selbst hat einmal über sich gesagt, dass er an der Schwelle eines Hauses steht und das Treiben der Welt wahrnimmt. Nach innen hin trägt ihn das Judentum. Von dort aus betrachtet er die Wirklichkeit und beschreibt, was an Geschehen auf ihn wirkt. Die folgende Geschichte, die in Bubers Notizen undatiert zu finden ist, beschreibt, wie er sein Wirken auf die Welt möglicherweise begriffen hat:

---

9 Brief an Gandhi, in: Mendes-Flohr, Paul (Hg.): Buber, Martin: Ein Land und zwei Völker, Jüdischer Verlag im Suhrkamp Verlag, Frankfurt 1993, 160f.

2. Das Schweigen

Einst war in Flandern ein Mönch, der trug so grosse Ehrfurcht vor dem Wort, das ist von Anbeginn als Meister aller Dinge, dass er sechzehn Jahre seines Lebens lebte und liess in dieser Zeit keine Rede je über seine Lippen. Da geschah, dass in dem Kloster Afflighem, dem er zugehörte, in einer Nacht ein grosser Brand ausbrach, der war so unstillbar und ungebändig, dass die Arbeit der Brüder und Knechte an ihm zuschanden wurde. Und alsbald war unter den Klosterleuten kein andrer Gedanke mehr, als das nackte Leben zu sichern, und sie flohen in Hast und ohne Überlegung aus dem brennenden Haus, ein jeder wie ers am besten vermochte. Der Schweiger aber blieb inmitten, stand eine Weile unbewegt, dann öffnete er den Mund und redete zur Flamme: Halt ein zu dieser Stunde! Da verspürte das Element die alte unverstellte Gewalt, die aus seinem Munde kam und an der Welt nicht war eitel worden, gehorchte und liess ab vom Kloster.

»Das Schweigen
Einst war in Flandern ein Mönch, der trug so grosse Ehrfurcht vor dem Wort, das ist von Anbeginn als Meister aller Dinge, das er sechzehn Jahre seines Lebens lebte und liess in dieser Zeit keine Rede je über seine Lippen. Da geschah, dass in dem Kloster Afflighem, dem er zugehörte, in einer Nacht ein grosser Brand ausbrach, der war so unstillbar und ungebändig, dass die Arbeit der Brüder und Knechte an ihm zuschanden wurde. Und alsbald war unter den Klosterleuten kein anderer Gedanke mehr, als das nackte Leben zu sichern und sie flohen in Hast und ohne Überlegung aus dem brennenden Haus, ein jeder wie ers am besten vermochte. Der Schweiger aber blieb inmitten, stand eine Weile unbewegt, dann öffnete er den Mund und redete zur Flamme: Halt ein zu dieser Stunde! Da verspürte das Element die alte unverstellte Gewalt, die aus seinem Munde kam und an der Welt nicht war eitel worden, gehorchte und liess ab vom Kloster.«[10]

Martin Buber ist ein Meister des Wortes und seine Schriften und seine Sprachenkundigkeit beweisen die vielen mehrsprachigen Übersetzungen, die er von seinen eigenen Werken selbst übernommen hat.

Martin Buber lebt bis auf seine Auslandsreisen fortan in Jerusalem.
Schon vor seiner Einwanderung ist Buber Mitglied des Friedenbundes »Brit-Shalom«. Diese Vereinigung setzt sich aktiv für den jüdisch-arabischen Dialog ein. In Palästina schließt sich Buber der politischen Union »Ichud« an. Der Ichud unter-

[10] Martin Buber Archiv Jerusalem: Arc. Ms. Var. 350/76.

stützt eine binationale Lösung des jüdisch-arabischen Konfliktes. Bubers öffentliche Position hat diesbezüglich bedeutsamen Charakter. Er spricht vor diversen Kommissionen, so desgleichen vor der englisch-amerikanischen Untersuchungskommission 1946:

»Das jüdische Volk, das in Palästina wiedergeboren soll, muß nicht allein das Ziel friedlichen Zusammenlebens mit den Arabern haben, sondern in umfassender Weise mit ihnen bei der Erschließung und Entwicklung des Landes zusammenarbeiten...«.[11]

Sein Einsatz und der seiner Freunde können den Krieg von 1948 nicht verhindern. Auch wenn er danach und weiterhin auf die »Araberfrage« hinweist, erkennt Buber den Staat Israel als seine jüdische Heimat an. Diesbezüglich bleibt Buber sein ganzes Leben lang wirklich Zionist, der von der Einheit zwischen Gott, Volk und Land ausgeht.

Der Erzieher

Buber folgt in Palästina/Israel gleichermaßen seiner Berufung, »ein Volkserzieher« zu sein. Er gründet 1949 das Institut für Erwachsenenbildung an der Hebräischen Universität, dessen Leitung er bis 1953 innehat. Insbesondere die Fortbildung von Erwachsenenlehrern, vornehmlich für die Massen der Neueinwanderer[12], steht im Mittelpunkt. Hier kann Buber sein dialogisches Prinzip für das Lernen und Unterrichten praktisch umsetzen. Wie wichtig ihm die elementare Begegnung zwischen SchülerInnen und LehrerInnen ist, spiegeln seine Reden und Schriften. 1950 sagt er in einer seiner Jerusalemer Radio-Reden:

»Der gute Lehrer erzieht... durch sein bloßes Dasein,... er muß nur ein wirklich existenter Mensch sein... , das heißt nicht in einer Richtung von oben nach unten,... sondern in echter Wechselwirkung. ... Das ist es, was ich das dialogische Prinzip in der Erziehung nenne«.[13]

[11] Martin Buber in Martin Buber 1878-1978: Leben, Werk und Wirkung – eine Ausstellung, Beltz, Helmsbach 1978, S. 95.

[12] Martin Buber: Vorwort, in: Reden über Erziehung, Lambert Schneider, Gerlingen 1986, S. 9.

[13] Martin Buber: Über den Kontakt, in: Nachlese, Lambert Schneider, Gerlingen 1993, S. 85f.

Martin Buber als Erwachsenenbildner[14]

Ohne das dialogische Prinzip ist für ihn das Gemeinschaftsleben im Kibbuz unmöglich. Buber unterstützt von Anfang an die Kibbuzbewegung, die seines Erachtens ein Alltagsleben schafft, das soziale Ideen verwirklichen. Später – nach dem Wahrnehmen verklärter Illusionen – soll Buber einmal zum Projekt der Kibbuzim gesagt haben, das es eines ist, das nicht gescheitert ist.

Auslandsreisen

Bubers Verbundenheit zu Deutschland bleibt bestehen. Sie verschafft ihm viele Feinde in seinem Heimatland, als er 1951 den Goethepreis der Universität Hamburg und 1953 den Friedenspreis des deutschen Buchhandels annimmt. Buber handelt als einer der wenigen jüdisch-israelischen Intellektuellen mit dem ehemaligen Hitler-Deutschland. In seiner Rede zum Friedenspreis in der Paulskirche zeigt er sein Deutschlandbild:

> »Wenn ich an das deutsche Volk der Tage von Auschwitz und Treblinka denke, sehe ich zunächst die sehr vielen, die wußten, daß das Ungeheure geschah, und sich nicht auflehnten; aber mein der Schwäche des Menschen kundiges Herz weigert sich, meinen Nächsten

[14] Martin Buber Archiv Jerusalem: Arc. Ms. Var. 350/80.10

deswegen zu verdammen, weil er es nicht über sich vermocht hat, Märtyrer zu werden. Sodann taucht vor mir die Menge all derer auf, denen das der deutschen Öffentlichkeit Vorenthaltene unbekannt blieb, die aber auch nichts unternahmen, um zu erfahren, welche Wirklichkeit den umlaufenden Gerüchten entsprach; wenn ich diese Menge im Sinn habe, überkommt mich der Gedanke an die mir ebenfalls wohlbekannte Angst der menschlichen Kreatur vor einer Wahrheit, der sie nicht standhalten zu können fürchtet. Zuletzt aber erscheinen die mir aus zuverlässigen Berichten an Angesicht, Haltung und Stimme wie Freunde vertraut Gewordenen, die sich weigerten, den Befehl auszuführen oder weiterzugeben und den Tod erlitten oder ihn sich gaben, oder die erfuhren, was geschah, und sich dagegen auflehnten und den Tod erlitten, oder die erfuhren, was geschah, und weil sie nichts dawider unternehmen konnten, sich den Tod gaben. Ich sehe diese Menschen ganz nah vor mir, in jener besonderen Intimität, die uns zuweilen mit Toten, und mit ihnen allein, verbindet; und nun herrscht in meinem Herzen die Ehrfurcht und die Liebe zu diesen deutschen Menschen.«[15]

Darüber hinaus führt ihn sein Wirken bis in die USA, wo Maurice Friedman das berühmte Gespräch mit Carl Rogers herbeiführt. Hier wird die Bedeutsamkeit dialogischer Elemente für die Psychotherapie deutlich.

Auf einer seiner Europa-Reisen stirbt 1958 seine Ehefrau. Ihr Tod erzeugt einen tiefen Bruch in Bubers dialogischen Leben. Ihm fehlt das gegenseitig ausgetauschte gesprochene Wort. Buber betrachtet sich als einsamen Menschen, auch wenn er weiß, dass er nicht allein ist.

Er beendet 1961 die Bibel-Übersetzung. Bis zu seinem Tod erscheinen die gesammelten Werke in drei Bänden. Auf seiner letzten Europa-Reise erhält er den Erasmus-Preis in Amsterdam.
Die Verleihung des Erasmus-Preises krönt Martin Bubers letzte Europa-Reise. Mit Europa und der ganzen Welt bleibt er über Briefe in Kontakt.
Martin Buber stirbt nach einem Sturz mit anschließender Krankheit im Alter von 87 Jahren am 13. Juni 1965 in Jerusalem.

Moderne Wirklichkeit

Posthum erscheint sein letzter Band *Nachlese*, in dem der bleibende Widerstand Martin Bubers gegenüber der Psychoanalyse klar wird. Die Fahnen zum Artikel über das Unbewusste korrigiert er nicht mehr selbst. Damit zeigt er wiederum seine Haltung zur Wirklichkeit: Es kommt nicht nur darauf an, viel als Mensch über sich und die persönliche Biographie zu wissen, sondern zugleich im Kontakt mit seinen

[15] Martin Buber: Das echte Gespräch und die Möglichkeiten des Friedens, in: Nachlese, ebd., S. 200.

Mitmenschen zu sein und alles Zwischenmenschliche wirken zu lassen, weil dort die reale Quelle zur wirkenden Veränderung liegt. Buber ist sich bewusst, wie sehr Menschen einander Bestätigung schuldig sind und mehr brauchen als Geld, Essen und Kleidung. In seiner Auseinandersetzung mit dem jüdischen Philosophen Emmanuel Levinas über die Wechselseitigkeit der Begegnung lässt er uns dies plastisch erkennen. Er widerspricht Levinas darin, dass es in der Schuldigkeit unter den Menschen um Fürsorge ohne Gegenerwartung geht. Seines Erachtens würde das zwischenmenschliche Leid offenbar, wenn alle Menschen »wohlbekleidet« wären. Damit will Buber zeigen, wie wichtig es ist, ein wahres Du zu sprechen. Diese Tat ist nicht abhängig von meinem Gegenüber, sondern von mir selbst, in dem mein Ich Du sagt.

Martin Buber kümmert insgesamt, wie der Mensch in einer chaotischen Welt Richtung findet. Er verteufelt weder die moderne Technik noch glaubt er durch eine neue Moral, dem Menschen helfen zu können. Er weist immer wieder auf die Gegenwart hin, die es anzunehmen gilt. Es geht darum, dem jeweiligen Moment einmalig zu antworten.
So bleibt Martin Buber auch ein Antwortgebender für uns moderne Menschen, wenn er sagt, dass er auf eine Wirklichkeit hinweist, die in jedem in uns eingeboren ist. Sie geschieht im echten Gespräch. Dafür gibt es keine Gebote, keine Technik, nur die Situation, die den wahren Mensch offenbart. Martin Buber beschreibt die passende Haltung so:

> »Ich aber habe keine ›Lehre‹. Ich habe nur die Funktion, auf solche Wirklichkeiten hinzuzeigen. Wer eine Lehre von mir erwartet, die etwas anderes ist als eine Hinzeigung dieser Art, wird stets enttäuscht werden. Es will mir jedoch scheinen, daß es in unserer Weltstunde überhaupt nicht darauf ankommt, feste Lehre zu besitzen, sondern darauf, ewige Wirklichkeit zu erkennen und aus ihrer Kraft gegenwärtiger Wirklichkeit standzuhalten. Es ist in dieser Wüstennacht kein Weg zu zeigen; es ist zu helfen, mit bereiter Seele zu beharren, bis der Morgen dämmert und ein Weg sichtbar wird, wo niemand ihn ahnte.«[16]

[16] Martin Buber: Nachwort, in: Zwischen Zeit und Ewigkeit – Gog und Magog. Eine Chronik, Verlag Lambert Schneider Heidelberg 1978, S. 407f.

Literatur- und Abkürzungsverzeichnis

W1 = Buber, Martin: WERKE, Erster Band, Schriften zur Philosophie, Kösel Verlag München und Verlag Lambert Schneider, Heidelberg 1962.

W2 = Buber, Martin: WERKE, Zweiter Band, Schriften zur Bibel, Kösel Verlag München und Verlag Lambert Schneider, Heidelberg 1964.

W3 = Buber, Martin: WERKE, Dritter Band, Schriften zum Chassidismus, Kösel Verlag München und Verlag Lambert Schneider, Heidelberg 1963.

Buber, Martin: Ein Land und zwei Völker. Zur jüdisch-arabischen Frage, herausgegeben und eingeleitet von Paul R. Mendes-Flohr, Jüdischer Verlag im Suhrkamp Verlag, Frankfurt/M. 1993.

Buber, Martin: Nachlese, 3. Aufl., Verlag Lambert Schneider, Gerlingen 1993.

Naranjo, Claudio: Gestalt: Präsenz - Gewahrsein - Verantwortung: Grundhaltung und Praxis einer lebendigen Therapie, Arbor-Verlag, Freiamt 1996.

Palmer, Helen: Das Enneagramm: Sich selbst und andere verstehen lernen, Droemersche Verlagsanstalt Th. Knaur Nachf., München 1998.

Riso, Don Richard/Hudson, Russ: The Wisdom of the Enneagram. The Complete Guide to Psychological and Spiritual Growth for the Nine Personality Types, Bantam Books USA, New York 1999.

DIALOGISCHES LERNEN

Herausgegeben von Dr. Cornelia Muth

ISSN 1614-4643

1 *Cornelia Muth*
Willst Du mit mir gehen, Licht und Schatten verstehen?
Eine Studie zu Martin Bubers Ich und Du
Zweite erweiterte und verbesserte Auflage
ISBN 3-89821-537-7

2 *Susanna Matt-Windel*
Werden am Du – Dialogik in der Eltern-Kleinkind-Beratung
Ein philosophisch-pädagogisches Handlungskonzept nach der Dialogphilosophie Martin Bubers am Beispiel der interaktionellen Eltern-Kleinkind-Beratung
ISBN 3-89821-374-9

3 *Sabine Peter*
Schritte auf dem Weg zum Miteinander in der multikulturellen Gesellschaft
Interkulturelle Gärten
Eine psychologisch-dialogphilosophische Perspektive
ISBN 3-89821-464-8

4 *Andrea Förster*
Tiere als Therapie – Mythos oder Wahrheit
Zur Phänomenologie einer heilenden Beziehung mit dem Schwerpunkt Mensch und Pferd
ISBN 3-89821-421-4

5 *Koffi Abah Edem, Jan Großwinkelmann,Yvonne Kahlert, Susanna Matt-Windel, Cornelia Muth, Sabine Peter*
Im Vertrauen und in Verantwortung – 10 Jahre dialogische Pädagogik
ISBN 3-89821-577-6

6 *Stephan J. Harms*
Menschenbilder und Typologie
Kategorien neurotischer Motivationsstrukturen als Orientierungshilfe in der sozialen Arbeit Chancen und Risiken
ISBN 3-89821-703-5

7 *Susanne Mariyam Hüser-Granzow*
Kunst statt Strafe
Eine dialogische Betrachtung der ästhetischen Arbeit in der Sozialen Arbeit am Beispiel einer Bildhauerwerkstatt für straffällig gewordene Jugendliche
ISBN 978-3-89821-747-7

8 *Thomas Schwenk*
Sport und Bewegungserziehung in der Suchtarbeit
Sozialpädagogische und dialogisch-philosophische Aspekte in der Suchtprävention und Behandlung von Kindern und Jugendlichen
ISBN 978-3-89821-785-9

9 *Cornelia Muth*
Hilfe, ich bin mobil und heimatlos!
Zur Hauslosigkeit postmoderner Menschen
Mit einem Beitrag von Jan Großewinkelmann und Zeichnungen von Miriam Helfer
ISBN 978-3-89821-880-1

10 *Tanja Dräger*
Gender Mainstreaming im Kindergarten
ISBN 978-3-89821-869-6

11 *Dörthe Sontag*
Die modernen Kommunikationsmittel und das Dialogische Prinzip
Bedrohung und Chance für unser Menschsein?
Eine dialogphilosophische Reflexion unserer zwischenmenschlichen Beziehungen im Zeitalter der Mediatisierung
ISBN 978-3-89821-893-1

12 *Isabel Diener*
Lehren und Lernen in offenen Arbeitsformen
Eine Diskussion über die Verwendung von offenen Arbeitsformen im Unterricht am Beispiel einer Pädagogik der Menschenrechte
ISBN 978-3-89821-976-1

13 *Cornelia Muth (Hrsg.)*
„dann kann man das ja auch mal so lösen!"
Auswertungsinterviews mit Kindern und Jugendlichen nach Trainings zur Gewaltfreien Kommunikation
ISBN 978-3-8382-0120-7

14 *Cornelia Muth*
Der Mensch zwischen Gut und Böse
Mit Texten von Martin Buber über das Böse nachsinnen
ISBN 978-3-8382-0340-9

Abonnement

Hiermit abonniere ich die Reihe **Dialogisches Lernen (ISSN 1614-4643)**, herausgegeben von Dr. Cornelia Muth,

❒ ab Band # 1

❒ ab Band # ___

❒ Außerdem bestelle ich folgende der bereits erschienenen Bände:

#___, ___, ___, ___, ___, ___, ___, ___, ___, ___, ___, ___

❒ ab der nächsten Neuerscheinung

❒ Außerdem bestelle ich folgende der bereits erschienenen Bände:

#___, ___, ___, ___, ___, ___, ___, ___, ___, ___, ___, ___

❒ 1 Ausgabe pro Band ODER ❒ ___ Ausgaben pro Band

Bitte senden Sie meine Bücher zur versandkostenfreien Lieferung innerhalb Deutschlands an folgende Anschrift:

Vorname, Name: ______________________________

Straße, Hausnr.: ______________________________

PLZ, Ort: ______________________________

Tel. (für Rückfragen): ________________ *Datum, Unterschrift:* ________________

Zahlungsart

❒ *ich möchte per Rechnung zahlen*

❒ *ich möchte per Lastschrift zahlen*

bei Zahlung per Lastschrift bitte ausfüllen:

Kontoinhaber: ______________________________

Kreditinstitut: ______________________________

Kontonummer: ________________ Bankleitzahl: ________________

Hiermit ermächtige ich jederzeit widerruflich den *ibidem*-Verlag, die fälligen Zahlungen für mein Abonnement der Reihe **DIALOGISCHES LERNEN** von meinem oben genannten Konto per Lastschrift abzubuchen.

Datum, Unterschrift: ______________________________

Abonnementformular entweder **per Fax** senden an: **0511 / 262 2201** oder 0711 / 800 1889 oder als **Brief** an: *ibidem*-Verlag, Julius-Leber Weg 11, 30457 Hannover oder als **e-mail** an: **ibidem@ibidem-verlag.de**

***ibidem*-Verlag**
Melchiorstr. 15
D-70439 Stuttgart
info@ibidem-verlag.de

www.ibidem-verlag.de
www.ibidem.eu
www.edition-noema.de
www.autorenbetreuung.de